TUDO É LINGUAGEM

Françoise Dolto
TUDO É LINGUAGEM

Tradução LUCIANO MACHADO

martins fontes

© 1998, Livraria Martins Fontes Editora Ltda.,
São Paulo, para a presente edição.
© Éditions Gallimard, 1994.
© Michèle Brabo para a fotografia da capa.
Esta obra foi publicada originalmente em francês com o título
Tout est langage por Éditions Gallimard.

Publisher *Evandro Mendonça Martins Fontes*
Coordenação editorial *Vanessa Faleck*
Revisão técnica *Claudia Berliner*
Revisão *Julio de Mattos*
Lucas Torrisi
Capa *Douglas Yoshida*

2ª **edição** abril de 2018 | 1ª **reimpressão** junho de 2022 | **Fonte** Times New Roman
Papel Offset 75 g/m² | **Impressão e acabamento** Imprensa da Fé

Dados Internacionais de Catalogação na Publicação (CIP)
(Câmara Brasileira do Livro, SP, Brasil)

Dolto, Françoise, 1908-1988.
  Tudo é linguagem / Françoise Dolto ; tradução Luciano Machado ; revisão técnica Claudia Berliner. – 2. ed. – São Paulo : Martins Fontes – selo Martins, 2018.

  Título original: Tout est langage.
  ISBN 978-85-8063-335-1

  1. Comunicação interpessoal em crianças 2. Pais e filhos 3. Verdade e falsidade I. Berliner, Claudia. II. Título.

18-13184   CDD-155

Índices para catálogo sistemático:
1. Pais e filhos : Comunicação : Psicologia do
desenvolvimento 155

Todos os direitos desta edição reservados à
Martins Editora Livraria Ltda.
Av. Dr. Arnaldo, 2076
01255-000 São Paulo SP Brasil
Tel. (11) 3116 0000
info@emartinsfontes.com.br
www.emartinsfontes.com.br

Sumário

Nota da edição brasileira   *VII*
Prefácio   IX
Prólogo   XV

TUDO É LINGUAGEM   *1*

Notas   *145*
Índice temático   155
Índice dos nomes próprios   159
Índice dos casos e exemplos citados   161

Nota da edição brasileira

Ao longo da obra, Françoise Dolto tecerá reflexões e comentários sobre várias instituições francesas de assistência social pública à infância. Por se tratar de serviços inexistentes no Brasil, tivemos de fazer traduções literais ou buscar formas que preservassem o sentido e a fluência do texto. O funcionamento de cada um desses serviços fica claro no contexto.

Prefácio

Esta é uma edição revista e corrigida do livro publicado sob o mesmo título (Éditions Vertige Carrère) em 1987, retomando o conteúdo de uma conferência seguida de debates proferida por Françoise Dolto em 1984 em Grenoble, cujo título fora precisamente "O dizer e o fazer. Tudo é linguagem. A importância das palavras ditas às crianças e diante delas".

Dizer que as edições anteriores precisavam de uma revisão é dizer pouco. Para que se tenha uma ideia da extensão desse trabalho, basta dizer que naquela edição encontravam-se aqui e ali afirmações atribuídas a Françoise Dolto quando, na verdade, tinham sido feitas por seu público, e vice-versa, o que mostra bem a falta de cuidado editorial com que foram realizadas as primeiras versões.

Proceder à revisão do texto não foi, contudo, tarefa fácil. Até onde poderíamos chegar (ou não) na retomada de um escrito que a autora, na época, permitira publicar daquela forma, apesar dos equívocos, dos inúmeros erros tipográficos e incorreções de que o texto ainda padecia?

Como era imperativo, e atendendo aos critérios que já havíamos adotado para esta coleção, optamos por uma estratégia de interferência mínima, buscando modificar o menos possível o texto inicial e limitando-nos às alterações necessárias para lhe restituir toda sua legibilidade. E isso sem deixar de levar em conta a necessidade de lhe dar uma forma escrita, tratando-se de um trabalho que tivera origem numa comunicação oral. Donde a exigência de não atenuar a espontaneidade e a verve tão características do estilo de fala de Françoise Dolto. Isso implicou, por exemplo, deixar tais quais as passagens que correspondiam principalmente ao elã de uma fala solta, à evolução associativa de um pensamento que avança de forma atabalhoada. Da mesma forma, onde os encadeamentos lógicos não estavam explícitos, escusamo-nos de introduzir uma articulação que teria um caráter por demais interpretativo, preferindo deixar ao texto suas ambiguidades aparentes.

O que importa ressaltar é que se revela aqui o testemunho de um aspecto relativamente desconhecido das múltiplas modalidades de ação e de comunicação de Françoise Dolto. Isto é, os motivos que a levaram a peregrinar incansavelmente por toda parte onde pudesse divulgar a mensagem do que representava para ela a boa nova da psicanálise, onde ela pudesse contribuir principalmente para a "causa das crianças". Com efeito, a partir dos anos 1970, ela sempre esteve disponível quando lhe solicitavam que fosse falar de sua experiência, dar testemunho de sua reflexão, trazer sua colaboração aos questionamentos de uns e de outros, fossem eles pediatras, professores, educadores etc. Além de certo número de viagens ao exterior (Quebec, América Latina, Polônia, Grécia...), Françoise Dolto percorreu toda a França, dispondo-se a visitar creches, escolas, instituições psicoeducacionais, sempre pronta a responder às indagações dos profissionais e dos ouvintes os mais diversos, tanto do grande público quanto de psicólogos ou psicanalistas em formação, assistentes sociais etc. Caberá aos biógrafos reconstituir o caminho por ela percorrido, como verdadeira militante do inconsciente, na medida em que se tratava, para ela, de fazer dele o instrumento de passagem do sujeito para o social.

Certamente Françoise Dolto não era a única a considerar que a psicanálise não se destina apenas aos psicanalistas, mas que, ao contrário, deve ser amplamente aberta e acessível a todos os que podem se beneficiar de sua mensagem humana. Mas, além dessa consciência, ela tinha também esse talento único que a tornava capaz de ser plenamente presente e docente, tanto nos encontros de especialistas quanto nas questões mais gerais, como se pode constatar neste livro, no qual ela responde a um público que é, em boa parte, leigo.

O mais surpreendente é que, para ela, não havia solução de continuidade entre o aspecto propriamente técnico de seu trabalho psicanalítico, clínico e teórico, e aquilo que ela podia repassar de forma direta ou indireta a interlocutores de todas as procedências, inclusive fora do âmbito da análise, sempre que o respeito ao sujeito criança estava em jogo. Donde o aspecto singular daquilo que faz deste livro uma obra compósita, onde se descobrem conceitos certamente inspirados na experiência analítica e em sua teorização, mas retransmitidos com fins pedagógicos, educacionais ou psicossociais.

Que se tenha o cuidado, entretanto, de não ver nele apenas receitas ou conselhos para uso cotidiano. Trata-se, antes, de um lembrete de que uma teoria só é válida quando se inscreve nos fatos, no presente caso fatos psicoeducacionais e sociais, pois é nesse âmbito que ela dá provas de sua pertinência e de sua eficácia e confirma seu alcance terapêutico. Notar-se-á, também, que Françoise Dolto não ministra aulas magistrais do alto do que seria a autoridade de sua experiência. O modo como ela se entrega ao jogo das perguntas e respostas revela antes como ela está presente à escuta do outro, a ponto de modificar a própria modalidade do conteúdo de sua resposta. Contrariando um engano muito frequente, isso não faz de suas teses enunciados dogmáticos, de valor absoluto, mas enunciados inseridos no contexto da relação com seu interlocutor, na presença do que é também o inconsciente do outro, o que ele não diz no que diz, e, em função do que, Françoise Dolto encadeia então sua resposta, deixando seu pensamento evoluir dialogicamente. Este livro está, pois, todo impregnado daquilo que é seu senso do outro (na transferência).

Enganar-se-ia, pois, redondamente, quem pensasse estar diante de um discurso estritamente pragmático, limitado a uma preocupação com a ação educacional de base (supondo-se, de resto, que isso constitua um empobrecimento do pensamento...). Sem dúvida que na obra há espaço para tal ou qual observação, tal ou qual recomendação, tal ou qual conselho, e nos mais diversos níveis em que se formulam as diferentes questões. Mas isto sem que jamais se reduza nem se descarte essa referência constantemente lembrada à psicanálise, o que faz o discurso de Françoise Dolto, tão próximo do cotidiano, em seu conteúdo, quanto possa parecer, remeter sempre a essa esfera da prática e da reflexão, única instância em que ganha sentido.

É impressionante constatar como, ao longo de todo esse encontro em que responde às perguntas mais disparatadas, Françoise Dolto consegue destilar o essencial daquilo que, para ela, é a base da psicanálise, enfatizando especialmente a simbolicidade em jogo no devir e no desabrochar subjetivo do humano, em função do pai como terceiro da mãe – o que pode acontecer na falta dele como deriva psicótica –, o respeito ao desejo desde a mais tenra idade etc.

A ambição teórica doutrinal que se afirma aqui – de público – é também aquela sintetizada pelo título que escolhemos: tudo é linguagem. Por trás da simplicidade dessa fórmula se perfila uma intenção mais complexa, cujo verdadeiro alcance corre o risco de se perder, se nos ativermos apenas à superfície do enunciado. Evidente que isso remete primeiro à recomendação – por demais banalizada ou deformada posteriormente – do "falar à criança". Françoise Dolto insiste aqui na necessidade, em todas as circunstâncias (mesmo domésticas), dessa palavra dita expressamente à criança ou diante dela. Mas seu "tudo é linguagem" vai muito mais além, pois mostra como, num outro nível fundamental, pode acontecer que seja inclusive no corpo e através do corpo que a criança exprima, ou deixe que se exprima, aquilo que ela não pode exprimir de outra maneira (e sem que isso possa ser reduzido simplesmente à inversão de lugares da psicossomática). Dizer que tudo é linguagem vem reafirmar, na vizinhança conceptual de Lacan, a importância e a primazia da palavra, mas até mesmo em suas incidências corporais, onde também o corpo pode testemunhar essa simbolicidade relacional ativa no ser humano, por mais jovem que seja. É também corporalmente, carnalmente, que tudo adquire sentido no homem, tudo adquire "sentido linguagem". E é desta forma que um corpo se subjetiva, se torna um corpo de um sujeito que diz "eu".

Cabe, portanto, a cada um de nós, como é o caso de Françoise Dolto, encontrar, nessa aliança intrínseca do corpo com a linguagem, a forma como o verbo se faz carne, como a carne se faz, para o sujeito, portadora do verbo.

GÉRARD GUILLERAULT [1]

1. Gérard Guillerault é psicanalista. Foi membro da *École freudienne de Paris*. Foi aluno de Françoise Dolto e participou do momento inicial da *Maison Verte*. É psicoterapeuta (de crianças) no hospital Trousseau. Entre diversos artigos e conferências, publicou um trabalho sobre a imagem do corpo (em Françoise Dolto): *Le corps psychique*, Éd. Universitaires, 1989, que deverá ser reeditado brevemente.

Prólogo

Este livro é um "escrito" com base numa conferência proferida em 13 de outubro de 1984 para psicólogos, médicos e assistentes sociais[1].

Eu queria chamar a atenção dessa parte tão importante da população que se dedica à educação, ao ensino, ao tratamento de crianças e jovens com problemas físicos, psíquicos, afetivos, familiares ou em dificuldades sociais, para a importância das palavras ditas ou não ditas sobre acontecimentos que marcam atualmente ou marcaram a vida de uma criança, quase sempre sem que ela se dê conta, e às vezes sem que os que estão próximos dela se deem conta.

Poucos de meus ouvintes tinham formação psicanalítica, inclusive a senhora Combaz, organizadora do encontro. Mas todos desejavam conhecer a contribuição que a psicanálise poderia dar para o esclarecimento das questões cotidianas surgidas no curso de seu trabalho relacional junto às crianças que, na condição de alunos, pacientes etc., estavam sob seus cuidados.

Era meu propósito despertar esse público de adultos que convive com crianças para o fato de que o ser humano é acima de tudo um ser de linguagem. Essa linguagem exprime seu desejo inextinguível de encontrar um outro, semelhante ou diferente dele, e de estabelecer com este outro uma comunicação.

O que eu queria mostrar é que esse desejo é mais inconsciente que consciente. Que a linguagem falada é um caso particular desse desejo e que, muitas vezes, essa linguagem falada desvirtua a verdade da mensagem, intencionalmente ou não. Que os efeitos desse jogo de máscaras da verdade são sempre dinâmicos – ou seja, vitalizantes ou desvitalizantes – para a pessoa em desenvolvimento, em particular a criança.

Eis o que eu gostaria de elucidar pela experiência de muitos anos de prática psicanalítica com crianças, adolescentes, pais e tutores, todos dolorosamente atormentados por incompreensões mútuas, às vezes extremamente precoces, e, nesse caso, mais traumatizantes para o futuro.

Dou a público a transcrição reelaborada de três ou quatro horas de trocas. Os ouvintes faziam inúmeras perguntas sobre sua prática educacional ou social cotidiana. Tentei elucidar os problemas que eram trazidos, do ponto de vista da dinâmica do próprio sujeito, a criança, atravessando o problema existencial de objeto, que parece sempre estar no centro das preocupações dos educadores e pais.

Creio que um trabalho como esse é muito mais esclarecedor que os escritos teóricos para as muitas pessoas que se dedicam ao trabalho social voltado para os jovens em situações difíceis.

Espero fazer compreender assim o papel do "falar a verdade", a verdade tal como esses adultos a comunicam a crianças que não apenas a desejam inconscientemente, mas têm necessidade dela e direito a ela, mesmo se seu desejo consciente, quando elas se expressam em palavras, a pedido dos adultos, prefira o silêncio enganador, que gera angústia, à verdade, muitas vezes dura de escutar mas que, se falada e dita de parte a parte, permite ao sujeito construir-se e humanizar-se a partir daí.

F. Dolto, dezembro de 1986

SRA. COMBAZ: *Senhora Dolto, é um prazer recebê-la, sinto-me muito grata por a senhora estar aqui, e muito contente por sermos tantos a nos interessar pelo tema deste encontro organizado pelo* Théâtre Action, Centre de Création, de Recherche e des Cultures. *Esse encontro constitui uma etapa necessária do processo de trabalho que iniciamos em 1972, e que denominamos "Pesquisa e Infância".*

Agora passo a palavra a Françoise Dolto, que falará durante uma hora, após o que, depois de um intervalo, propomos que as pessoas aqui presentes tomem a palavra, e que um ritmo mais natural se instale.

FRANÇOISE DOLTO: Agradeço por terem vindo em tão grande número, e tantos jovens. Fico sempre muito contente quando vejo jovens interessados pela pesquisa, pela nova geração, pelas crianças. E já que é esse o nosso propósito para hoje, estou muito contente de ver aqui pessoas que ainda não são pais – pois creio que é antes de sermos pais que precisamos refletir sobre o problema de nossa própria infância já distante, para sermos capazes de acolher os outros, não como réplicas nossas, mas como uma renovação em outro mundo, para uma vida totalmente diferente, que é a de nossos filhos.

As crianças que nascem atualmente terão que assumir... não temos a menor ideia do quê! É o fato mais importante de nossa época: a educação é obrigada a pensar, a preparar as crianças para uma vida que não sabemos como será, que está em contínua mudança, e isso desde o início do século. (Eu falo como uma pessoa muito idosa, porque é isso mesmo que sou, tenho experiência disso.)

Muito cedo vivi a experiência da guerra de 1914, e da modificação total da vida das famílias de todos os níveis sociais. Durante essa guerra, e durante os anos que se seguiram – foi algo realmente revolucionário –, as famílias sofreram um grande trauma. Isso me marcou profundamente, e de forma positiva. Eram os fatos linguageiros que me faziam refletir; eram fatos que eu observava e que me interrogavam.

Mais tarde veio a Segunda Guerra, que muitos de vocês não conheceram, e que provocou, na França (falo apenas da França, porque não conheço seus efeitos nos outros países), essa extraordinária comoção nas famílias, a existência de duas verdades de Estado implicando a divisão nas famílias, quer elas o admitissem quer não, e a desconfiança de umas em relação às outras. E depois, o grande sofrimento trazido pela separação de homens e mulheres sadios, separados pelos acontecimentos da guerra, as prisões, os campos da morte.

Na França não havia tanto risco de morrer, mas aquilo representou a morte das relações, tanto mais que as pessoas só podiam se comunicar, de um lado ao outro da França, por cartas lacônicas de umas poucas dezenas de palavras.

Essa ruptura dos laços familiares, conjugais, paternos e filiais por causa da separação foi uma coisa extraordinária. Para mostrar a vocês como o agir é linguagem: por exemplo, a criança cuja mãe era informada de que o pai estava preso. Já há um bom tempo não se recebiam notícias, papai estava na guerra, e de repente ficava-se sabendo que ele tinha sido preso. Pois bem, nos hospitais de Paris, do dia para a noite, na semana em que chegaram notícias de todos esses prisioneiros, os atendimentos de crianças, ditos neuropsiquiátricos, receberam bruscamente uma grande quantidade de meninos de cinco a dez, onze anos, que voltaram a fazer xixi na cama. Aí temos o efeito psicossomático de sentir vergonha de um papai que deveria ter se deixado matar. Acontece que, simplesmente, as crianças viam mamãe contente pelo fato de papai estar preso: o que era uma vergonha para a criança! Estar preso era uma coisa ruim, ele devia ter feito algo errado. A criança não podia de forma alguma entender que o prisioneiro "de guerra" é diferente do delinquente.

Daí todo o trabalho da psicoterapia com essas crianças, para entenderem que seu herói, seu papai na guerra, as fotos que eventualmente receberam, o papai de uniforme, tudo isso tenha se transformado, nos seus encadeamentos mentais, em alguém que abandonou o lar. Mamãe estava contente por ele não estar com a família. Não era verdade mas, como ele poderia estar morto e não estava, ela estava feliz em poder dizer: "Sabe, ele está preso". Para a criança, então, sua mãe estava louca: ela achava bom estar preso! Prisioneiro se tornava um valor sedutor.

Começou então a pequena delinquência, bastante intensa ela também, mas estes, não éramos nós que os víamos; o que chegava até nós era a delinquência em relação a si mesmo, isto é, o não controle de si, a perda do nível de controle do corpo que traduz um nível de afetividade que possibilita obter a continência esfincteriana. E perdê-la, para a criança, é uma linguagem de não controle de si.

Todos os mamíferos são continentes, todos. A incontinência urinária e a incontinência fecal não existem entre os mamíferos, exceto em casos de lesão neurológica. Só os seres humanos, pela linguagem e por um sentimento do sagrado em suas relações com os pais, fazem "xixi na cama, cocô na calça". Isso nada tem a ver com o mamífero humano, que seria limpo, como dizem as mães, que seria continente se ninguém tivesse se ocupado disso, no sentido de dar valor ao fato de ter um ritmo que agrada a mamãe, isto é, dando-lhe seu xixi e seu cocô quando ela pede. As vacas e os touros não pedem a seus bezerros e bezerras que façam xixi-cocô quando eles pedem. Para agradar às mães, as crianças, infelizmente, são capazes de fazer isso antes da hora, isto é, antes do amadurecimento total do seu sistema nervoso.

Posso afirmar que se uma criança desde muito, muito cedo é asseada, ela pode se tornar esquizofrênica. Conheci uma criança que nunca, desde que saiu da maternidade, sujou as fraldas, nunca. Ela ficou esquizofrênica: uma criança que nascera para se tornar um ser admirável! São os seres mais delicados, mais humanizáveis que enchem nossos IMP[2], as crianças ditas retardadas ou psicóticas. São crianças muitíssimo precoces em relação às outras no que diz respeito à afetividade e à sensibilidade à relação e que – por causa de uma decodificação de linguagem entre elas e os pais que não entendem de forma alguma que essa criança é inteligente, ou por causa de palavras que elas ouviram cedo demais, e que desvalorizam suas relações filiais ou seu sexo (por exemplo: desespero por serem do sexo que apresentam ao nascer) – ficaram abaladas por não satisfazer o deus e a deusa de sua vida fetal: os pais que falam lá fora, as vozes que elas ouvem *in utero* a partir do quarto mês de vida – é isso que as incita a nascer para estarem em relação com eles.

Isso é uma descoberta recente para muita gente. Para mim, já é muito antiga. Sou precursora nesse campo, e fico muito contente de ver que atualmente essa ideia se difunde, sendo que, quando eu trabalhava em hospitais, e mesmo depois, as pessoas diziam: "ela não bate muito bem!"[3].

Apesar disso, constatavam que crianças já comprometidas voltavam a viver e a se comunicar, mesmo se já estivessem fechadas sobre si mesmas, porque se tratava de crianças muito precoces e que tinham necessidade de escutar que eram reconhecidas como inteligentes, embora ainda fossem incapazes de falar, que fossem reconhecidas como estando à escuta. Era necessário, pois, falar-lhes exatamente daquilo de que sofriam e então, elas voltavam a viver em função dessa relação de sujeito a sujeito que se podia ter com elas.

Essa linguagem de recusa a entrar no ritmo exigido pelos pais, ou pela mãe, pode ser uma linguagem salvadora do sujeito, mas carente das experiências que edificam um futuro Eu articulado ao sujeito.

Foram, portanto, todas essas crianças que encheram os consultórios médicos de um dia para o outro, suas mães não entendendo nada do que estava se passando, tampouco o clínico geral que as encaminhava à clínica neuropsiquiátrica, quando, na verdade, cabia a eles falar com a criança. Mas, naquele tempo, os clínicos gerais e os pediatras não conheciam esses efeitos da psicologia, da estrutura ética em funcionamento na criança, essas rupturas, esses traumatismos que faziam que ela se sentisse, para sobreviver, obrigada a regredir em sua história até a época em que o pai não tinha seu prestígio. Para poder continuar sadio, ele precisava não ser um menino engajado na vida genital. Portanto, agia como se ainda se tratasse de cocô, de xixi, um funcionamento perturbado na região da bacia. De fato; mas por sofrimento de filho, impossível dizer de outro modo.

É preciso acrescentar também que, ao cabo de alguns dias, a mãe era tranquilizada em relação à vida de seu homem, principalmente quando recebia uma carta dizendo que ele não estava levando uma vida aborrecida – falo sobretudo dos *stalags*, onde esse tipo de coisa durou menos, que dos *oflags*[4], e onde os homens eram imediatamente enviados para trabalhar nas fazendas. Ela tinha plena consciência de que o marido estava bem física e moralmente, e começava a temer que ele mantivesse relações com mulheres, o que de fato acontecia, e ela se punha a dar tratos à bola, a ter ciúme das alemãs.

As crianças ouviam quando ela falava à vizinha do que seu pai devia estar fazendo, que ele parecia estar tão contente lá, que a Alemanha era um país formidável. Muita gente recebia cartas desses jovens prisioneiros dizendo: "Aqui estou aprendendo como se cultiva isto, como se cultiva aquilo". É bom que se diga que, no campo, os homens eram todo ouvidos, todo olhos para a política nazista pois, principalmente no início, todo aquele pessoal bem organizado causava uma certa impressão; depois, quando a situação começou a degringolar, a coisa ficou muito diferente...

Para entender essa comoção que repercutia no somático das crianças, é preciso compreender que tudo o que é ato ou dizer sobre o ato relativo à pessoa estruturante da criança, isto é, seu pai e sua mãe – pessoa a princípio bicéfala, mas que em seguida se torna humana enquanto homem e enquanto mulher, ou, em outras palavras, as duas primeiras imagens –, tudo o que se refere ao agir dessas pessoas, ao que elas dizem, ao seu comportamento, estrutura a criança. Isto não é negativo nem positivo, é efetivo, é dinâmico, vitalizante ou desvitalizante.

Positivo ou negativo, isso vai depender da forma como avaliamos a reação da criança. Se a criança, em vez de ser recriminada pela mãe, fosse elogiada por voltar a fazer xixi na cama, a coisa acabaria em três ou quatro dias. Era necessário felicitá-la por sua reação a uma notícia muito perturbadora para ela, mas também ajudá-la a entender que era valoroso e nada desvalorizante ser prisioneiro em tempo de guerra, e que seu pai não era nenhum patife que caiu nas garras da lei por ter cometido um ato de delinquência. Era uma tarefa difícil, principalmente quando não se acreditava muito nessa "glorificação" dos prisioneiros enquanto tais.

Sabem, mesmo que como psicanalista não se acredite muito que é um gesto valoroso ir matar o vizinho porque ele usa um uniforme diferente do seu, somos, apesar disso, obrigados a dizer à criança: "ele atendeu ao chamado da pátria e depois foi preso porque os alemães eram mais fortes, não é culpa dele, ele é muito corajoso!". Enfim, tudo o que se pode dizer à criança para justificar o fato de que seu pai não lutou até a morte. Ela ficaria muito orgulhosa de receber uma medalha se seu pai tivesse morrido na luta, porque aconteceu que os pais de alguns coleguinhas tinham sido mortos. E como eles se vangloriavam! "Seu pai se deixou prender; o meu se deixou matar, hein!" etc. A criança cujo pai morreu era alguém fantástico, e a outra, uma pobre coitada. E um pobre coitado se comporta como um pobre coitado, torna-se *punk* para si mesmo, se molha, se distrai, faz "caca". Porque o fenômeno *punk*[5] também é isso: fazer-se notar porque é sagrado se fazer notar, porque se a gente fosse apenas filho dos pais que tem, teria vergonha de si; portanto, recorre-se ao comportamento excêntrico. As pessoas os olham e comentam: "pobres garotos", quando, na verdade, eles estão defendendo o que há neles de sagrado, que é o sujeito, dizendo: "Olhem para mim, sou uma caricatura mas incomodo vocês, e depois vou me tornar uma pessoa admirável". Eles ainda esperam, felizmente, porque não poderiam viver sem essa esperança. Pois bem, o *punk*, no nível dos quatro anos, é xixi-cocô.

Digo tudo isso para que entendam que esses acontecimentos foram vividos por todo mundo. Estamos falando das crianças, mas com as mães se dava o mesmo. Ao mesmo tempo que aumentavam as consultas de crianças, os consultórios ginecológicos também se enchiam, do dia para a noite, de mulheres que tinham parado de menstruar. Como elas não tinham relações sexuais, sabiam que não estavam grávidas mas iam, preocupadas com a própria saúde, porque tinham parado de menstruar. E desde quando? Desde que souberam que o marido fora feito prisioneiro. Elas submetiam, então, as vias genitais à penitência. A mulher fazia uma regressão à sua pré-puberdade: como não tinha regras, não corria o risco de enganar o marido.

Era este processo, totalmente inconsciente, que se desenvolvia na mulher: "se não tenho marido, não tenho direito de menstruar", porque quando a mulher menstrua, ela é "engravidável". E, entranhado no corpo de muitas mulheres, o medo de que o desejo pudesse fazê-las cair em tentação provocava essa obstrução da via genital. Então, como sempre acontece quando há regressão pela negação do sofrimento afetivo, havia também uma modificação de humor: muitas dessas mulheres, até então cíclicas, de humor regular em sua relação emocional com os vizinhos, os filhos, ficavam nervosas. Dizia-se que era porque não estavam menstruando. Não. Deixar de menstruar era apenas um dos fenômenos. O outro era a frustração por estarem sem seus homens e se sentirem ao mesmo tempo tentadas a manter relações, ainda mais que havia homens (alemães) que andavam a passos largos pelas calçadas, pelos mercados, pelas lojas com os bolsos cheios de dinheiro, enquanto elas passavam necessidade. Marguerite Duras falou de forma muito pertinente, no programa de Bernard Pivot, sobre essas mulheres que colaboravam com os alemães naquela época.

Nós, médicos de crianças, observamos todos esses distúrbios de desenvolvimento afetivo das crianças envolvidas nesses conflitos sobre os quais elas achavam que deviam calar.

O que era valoroso? Não era muito melhor que mamãe estivesse bem, que tivesse um homem em casa, que ralhasse, fazendo que se tornassem bons cidadãos franceses? E havia o alemão que vinha almoçar ou jantar em casa, e que de resto tinha um grande respeito pelo prisioneiro distante, de quem ele provisoriamente tomava o lugar na cama, sabendo provavelmente que, enquanto isso, lá na Alemanha, o prisioneiro fazia o mesmo com sua mulher! Mas, para as crianças de sete, dez ou onze anos, que se inteiravam de tudo aquilo e que aproveitavam, graças ao ocupante do lar, as vantagens materiais (alimentação, suprimentos diversos), aquilo embaralhava tanto suas ideias e sua ética, que tudo se tornava incompreensível, se não havia ninguém para lhes explicar que era um problema de adultos, de homens e de mulheres em atividade genital, em atividade afetiva e emocional. Essas crianças teriam se tornado delinquentes, e era por isso que nos eram encaminhadas.

No início, era xixi na cama; depois, tornavam-se delinquentes e com problemas de adaptação na escola. Na verdade, a falta de aproveitamento escolar corresponde à proibição de usar suas pulsões sublimadas orais e anais, como dizemos em nosso jargão, isto é, tomar e dar: tomar certos elementos, devolver certos elementos. É digestivo, é uma sublimação do metabolismo digestivo que se faz de forma simbólica no mental e que, em princípio, se traduz na criança por "ir bem na escola".

A escola primária é digestiva. Infelizmente, porque a partir de sete, oito anos, já poderia ser genital, isto é, encontro de dois espíritos férteis. O que é muito diferente de engolir e devolver um dever, vomitado ou defecado, e bem destacado com cor vermelha, verde, com tudo o que é necessário para que o professor fique contente, como quando se faz um belo cocô para a mamãe quando se é pequeno.

Mas disso não sobra quase nada, só saber, e nenhum conhecimento. O conhecimento é de ordem genital e o saber, de ordem oral, anal[6].

E havia crianças que, por sua estrutura inicial, eram feitas para atingir o conhecimento. Ora, uma vez que não podiam compreender nada do "conhecido" de sua mãe – o senhor alemão ou o senhor do outro andar que ocupava um pouco o vazio afetivo e genital de sua mãe –, elas eram incapazes de atingir o nível do conhecimento em relação às outras coisas. Então elas ficavam no nível digestivo e a partir da segunda série levavam bomba. Da segunda para a terceira série sobrevém o fracasso total se não se consegue chegar ao nível do prazer do conhecimento, se se tem que ficar no nível de engolir e devolver um dever a alguém que espera por ele e não pelo prazer de conhecer e de fazer o melhor possível suas lições e deveres. Mas não é isto que é importante. O importante é o conhecimento que se adquire de uma disciplina que interessa e que um professor ou professora torna acessível.

Tudo isso talvez lhes pareça muito sutil, mas este é o trabalho do psicanalista: quando seres humanos estão sendo desperdiçados e nos são encaminhados, é assim que procedemos, jamais querendo corrigir um sintoma. Se se quer corrigir o problema de fazer xixi na cama ou uma encoprese, põe-se tudo a perder, com efeitos aos dezoito, vinte, vinte e um anos, uma linguagem que contradiz e interdita os ritmos normais da vida genital.

Por isso foi importante que, ao mesmo tempo que esses problemas avassalavam nossa Europa, tenha surgido a psicanálise, esclarecendo a dinâmica da afetividade, a dinâmica da vida simbólica nas crianças. É extraordinário que, simultaneamente à desorganização ética de toda a Europa, tenha existido esse recurso, que dava condições de compreender o que aquilo significava.

Aquilo nos levava a compreender que a comunicação interpsíquica produzia efeitos, tenha-se consciência disso ou não, cada vez mais cedo, já na vida fetal, mas principalmente depois do nascimento, entre o bebê e seu meio, genitores e irmãos.

É justamente sobre essa compreensão que quero lhes falar hoje. É o papel do dizer e, mais ainda, do agir. Para uma criança, tudo é linguagem significativa, tudo o que se passa à sua volta e que ela observa. Ela reflete sobre essas coisas. Uma criança reflete e escuta melhor quanto menos olha a pessoa que está falando. E esse é um dado muito importante.

Assim, quando os professores (professoras) primários querem que as crianças olhem para eles, perdem 50% de sua atenção. Para nós, adultos, é o contrário: gostamos de olhar para a pessoa com quem estamos falando. Quanto à criança, se ela está com as mãos ocupadas com alguma coisa, se está folheando um livro, uma revista ou história em quadrinhos, ou se está brincando de alguma coisa, esse é o momento em que ela escuta, que escuta fantasticamente, tudo o que se passa à sua volta. Ela escuta "de verdade" e memoriza.

Eu consegui ajudar não poucos professores que diziam: "É um absurdo. Por que não nos ensinam isso?". Não é necessário que as crianças fiquem olhando para o professor e, mais que isso, para escutar bem o que lhe dizem, elas precisam ficar fazendo barulho o tempo todo. Se elas não fazem isso, se elas não brincam de alguma coisa, não escutam. Se brincam demais, vão perturbar os vizinhos que não estão ocupados com alguma coisa ou fazendo barulho.

Se há pessoas nesta sala que lidam com surdos-mudos, elas sabem o quanto uma classe de surdos faz barulho. Aprendi muita coisa porque nossas janelas dão para uma escola de surdos-mudos da região parisiense[7]. Eu observava os alunos na hora do recreio. É algo para ser visto! Eles estão fantasticamente imersos em linguagem – ainda mais pelo fato de que não dispõem da palavra –, mas à sua maneira. No verão, com as janelas abertas, como se grita! A professora berra, eles não lhes dão atenção. Eles fazem um ruído glótico que não ouvem, e um barulho infernal com os pés. Quanto mais eles prestam atenção, mais barulho fazem.

Nós, que ouvimos, depois de certo tempo não gostamos de trabalhar com esse barulho. É entre os oito e os nove anos que as crianças mudam mas, ainda assim... Muitas delas fazem suas lições usando fone de ouvido. Os pais não compreendem: "Que é isso, como você pode fazer as lições com essa barulheira?". Mas acontece o contrário: elas fazem tanto melhor as lições quanto mais barulho têm nos ouvidos. Isto depende do tipo de criança. Mas as que o fazem sabem por quê. Elas estão concentradas porque, estando o mundo ocupado, elas se sentem em segurança. Se, ao contrário, o mundo em volta, o que está acontecendo na rua ou no quarto ao lado, por exemplo, lhes chama a atenção – "que está acontecendo?": a irmãzinha está brincando, e bem que ele queria estar junto, porque ela está conversando com a mamãe etc. –, elas se distrairão com esses estímulos personalizados ao passo que com a barulheira, que é impessoal, poderão se concentrar no que estão fazendo.

Tudo no ser humano acontece constantemente no âmbito da função simbólica, e numa extensão tal que é por isso que, entre os humanos, surgem os esquizofrênicos e os psicóticos.

Vocês vão entender por quê.

Uma criança muito solitária, se for um desses seres precoces que muito cedo têm necessidade de se comunicar, pois bem, sua função simbólica cai no vazio; poder-se-ia dizer, como uma metáfora da função digestiva. Ela tem necessidade de ter elementos para suas percepções, mas elementos que façam sentido para um outro que escuta os mesmos elementos perceptivos. Por exemplo, uma criança que é deixada no berço, na sacada, no jardim etc. pode ficar muito bem, por que não? Mas é necessário que existam, em compensação, muitos momentos de cumplicidade divertida, ou, pelo contrário, de brigas com a mãe na hora em que estão se comunicando. Senão, o que acontece? "É um menino muito bonzinho, não dá nenhum trabalho." E depois, vão deixando a criança assim durante um ano no berço – já vi acontecer isso. Ela não chora nem pela mamadeira. Quando a põem em sua boca, ela toma. Essas crianças são como sacos que aceitam qualquer conteúdo: elas tomam tudo, isso lhes é indiferente. Elas vivem uma vida tão imaginária que não têm mais nada a ver com os humanos, sua linguagem foge às palavras humanas.

Mas, por exemplo, se um passarinho passa voando e chilreia de um modo especial ao mesmo tempo que o véu do seu berço balança, e se, naquele momento, elas sentem no seu corpo uma cólica ou um borborigmo, o encontro dessas três percepções significa que o pássaro e a cortina juntos são a fala de seu ventre. A dor que sentem no ventre, uma pequena cólica passageira, é o significante do encontro do canto do pássaro com o véu agitado pelo vento; muitos encontros sincrônicos externos e internos tomam, assim, valor de signos linguageiros que só para essas crianças ganham sentido de palavra[8].

Vocês conhecem essas crianças que têm compulsões, que fazem coisas que não têm sentido, como uma criança de quem me lembro, cuja mãe tece coletes numa máquina de costura o dia inteiro; um pé dela mexe, a roda da máquina gira e os coletes se acumulam no chão na frente da máquina. No sábado, os coletes são entregues na manufatura para a qual a mãe trabalha, e o único homem que a criança (um menino) vê com a mãe é o homem que lhe paga. Graças ao qual, quando voltam para casa, a mamãe compra um brinquedinho e, nesse dia, eles têm uma sobremesa um pouco melhor.

Estou citando isso porque se trata de um caso excepcional que permitiu à psicanálise compreender vários outros[9]. Essa criança pôde se curar. Ela permitiu que se compreendesse o que ela fazia, essa grande inteligência que ela empregava para fazer os mesmos gestos o dia inteiro. De que se tratava? Eu recebi a mãe; nós conversamos.

Essa criança era de uma inteligência superior antes de ir à escola, quando ainda tinha dezoito meses. Ela andou muito cedo. A mãe vivia só com o pequeno, que era totalmente ajustado, que a imitava e a ajudava em casa.

Ela fazia coletes, trabalhando por produção. Quanto mais ela fazia, mais ganhava dinheiro. A conselho dos vizinhos, que diziam: "Sabe, ele precisa ir à escola, ele fica demais só com você, ele é tímido", ela o pôs na escola quando tinha entre três e quatro anos. Mas mesmo antes de ir à escola ele acendia o fogão a gás, punha a mesa, punha a panela de sopa no fogo, ia buscar o pão. Ele fazia tudo o que faria uma pessoa que ajudasse a mãe. Depois, quando terminava de fazer seus trabalhos domésticos, sentava em sua poltroninha para contemplar sua mãe trabalhando, e olhava os coletes se acumularem sob a máquina de costura de pedal. De quando em quando, sua mãe olhava para ele e trocavam sorrisos. E, como um gato, ele ia beijá-la, depois voltava para o seu lugar. Assim era a vida desses dois seres até o momento em que a mãe o pôs na escola.

Na escola, ele se comportou de forma completamente fóbica. Ele se enfiava embaixo da saia da mãe, chorava, não queria ir para a escola. A professora foi compreensiva, gentil, e ele ia se esconder na saia da professora. Ele via na saia da professora a saia da mãe e só. Na hora do recreio, não entrava em contato, tinha medo dos outros que o empurravam. E eles tinham razão: ele não vivia, eles o sacudiam para que vivesse. Fazemos a mesma coisa quando nosso relógio de pulso para: nós o sacudimos (o que não faz que ele funcione). Com uma criança se faz a mesma coisa: ela chora, a gente a balança. As crianças fazem como nós: quando outra criança não se mexe, elas a cutucam para ver se reage.

Infelizmente, ele foi ficando cada vez mais retraído, Daniel na cova dos leões[10], mas o menino não sabia falar com eles, e foi se tornando cada vez mais resignado. Como mamãe queria, ele ia à escola, mas se apagava completamente, não escutava mais, tinha ficado retardado, dizia-se.

Então, foi preciso deixá-lo em casa por alguns meses. Depois o puseram num internato supostamente especializado em crianças desajustadas. Resultado: quando vi essa criança, que tinha sete anos, ela estava totalmente psicótica, completamente fechada, o ar absorto e triste; não tinha nem mais carinho pela mãe, estava em outro mundo: o astronauta que se soltou de seu cabo, que teria ficado girando até morrer exaurido em sua loucura.

Foi fazendo que a mãe contasse como as coisas se passavam e falando com ele o tempo todo, mesmo que ele não escutasse nada, por assim dizer, que foi possível entender que a máquina de costura era o pai, e que ele fazia o papel do pai, agindo como o pé da mãe e como a roda. Além disso, ele imitava, à sua maneira, o barulho da máquina de costura. Graças a isso, ele estava o tempo todo com a mãe, menininho indo-advindo o senhor da mãe, a máquina de costura, e ao mesmo tempo conseguindo dinheiro para ela. Essa imitação compulsiva, esse vaivém, para cima e para baixo da mão esquerda, era o pé da mãe; o giro da mão direita era a roda da máquina, e o ruído, a trilha sonora de seu devaneio amoroso, antes da escola. Era a sua identificação com o objeto máquina de costura que lhe dava o suporte de sua função simbólica de virilização.

Isso cabia perfeitamente no esquema do desenvolvimento da estrutura de um menino que precisa se tornar senhor de si, depois senhor de um outro, neste caso, senhor da mãe, já que não tem rival que ocupe o lugar de senhor dizendo: "quando você for como eu, poderá ser um adulto mas, por enquanto, você aprende comigo como se portar para se tornar aquele que mantém a posse de sua mulher".

Ele aprendera da máquina de costura como se portar, e se comportava de forma completamente aberrante, e portanto definitivamente psicótica para a sociedade. Mas pudemos reconstruir tudo isso pouco a pouco. E o menino sentiu uma verdadeira explosão de alegria quando recuperou, graças a uma sessão em que reviveu a sua primeira infância, a mãe de quando era pequeno, e naturalmente, nesse momento ele voltou a ser xixi-cocô! Como dizia a mãe: "Ele não me deu nenhum trabalho, com dezoito meses ele já era limpinho. Ele nunca fazia nas calças".

Então, ele recuperou sua verdadeira natureza, a que ele tinha antes. Isso não demorou muito, e foi preciso lhe explicar que ele havia restaurado aquele que fora embora por meio de uma via de identificação errada. Havia um erro em relação à pessoa: a máquina de costura não era um interlocutor válido, modelo a alcançar, para estar em segurança junto da mãe e para escapar a essa sociedade tão perigosa de anõezinhos. Porque essa criança com certeza se imaginava adulta, pequeno por sua forma no espaço.

Eis uma coisa muito importante que devemos saber: a criança não sabe que é criança, ela é um reflexo da pessoa de quem é interlocutora. Ela se imagina numa atividade que a valoriza o tempo todo e que sustenta o seu indo-advindo grande.

Vou lhes dar um exemplo para que compreendam melhor, um exemplo nos moldes de tantos outros que vocês têm na vida: uma criança com menos de três anos assiste a um filme de família, no qual está brincando de bola com seu avô; seu irmãozinho, um toquinho de gente que ainda não sabe andar, está de pé, apoiado nos joelhos da mãe, e a família está em volta. O grande diz: "Oh! olha, eu molhando o jardim e (nome do irmãozinho) brincando de bola com vovô".

Então, os pais lhe dizem: "Não, você está enganado, é você que está jogando bola com o vovô naquele verão e quem está regando o jardim com uma mangueira grande é o tio fulano". Por aí vocês veem como é importante, para um menino de pouco menos de três anos, uma mangueira grande como aquela para molhar o jardim!

O pai lhe diz: "Vamos passar o filme novamente para que você veja direito", mas, antes mesmo que se tivesse tempo de rebobinar o filme, o menino foi embora batendo a porta e se fechou no quarto. Por três horas seguidas ficou no quarto, sem dizer uma palavra. Depois, na hora do jantar, as coisas correram normalmente e não se falou mais nisso. Mas toda vez que passavam aquele filme ele se afastava, não se interessava por ele.

Um dia, aos seis anos, quando a família estava passando o mesmo filme, ele veio para a primeira fila e disse: "Você se lembra, mamãe, quando eu era pequeno eu não queria acreditar que eu era eu"[11]. Esse é um belo exemplo, e é sempre assim: a criança não se sabe ela.

Assim, quando ela se olha no espelho, ela vê um bebê e fica radiante: finalmente um bebê nesse mundo de adultos, como se estivéssemos num parque. Ela avança para o espelho e naturalmente quebra a cara, só encontra o frio. Ela fica fascinada com essa experiência que, principalmente se a mãe chega, lhe ensina que é ela mesma que dá a ver essa imagem parecida com a das crianças do parque. De resto, se a criança já se dá um nome – "Dudu" ou seu verdadeiro nome – nunca chama a imagem do espelho por esse nome, mas a chama "nenê". Ela se dirige ao "nenê" e não à sua própria imagem. E se não dissermos à criança "É você", mas "É a sua imagem e, do lado, é a minha imagem", nós lhe ensinamos que é a imagem que ela dá a ver. E ela começa a compreender o que quer dizer a imagem num espelho. Não é, de maneira nenhuma, a imagem que fizera de si mesma em relação aos outros[12].

As crianças ficam tão chocadas, tão surpresas que isso as obriga a olhar para si mesmas. E sabem o que acontece? Para lutar contra a angústia, a inquietação estranha, as crianças só podem fazer caretas. Elas fazem caretas no espelho e se divertem bastante ao descobrir, com todas aquelas caretas – que provavelmente estão na origem do teatro – que, graças a isso, exprimem em linguagem (mímica) algo que tem um caráter de evocação que poderia ser dito em palavras.

Essa linguagem do rosto e do comportamento no espelho que impressiona a criança, *voyeur* de si mesma, de sua imagem, é um momento extraordinariamente importante. Sabe-se disso pela história de Narciso. Um pouco irritado pela ninfa Eco, que repete sempre o que ele diz, sendo que ele ansiava pelo novo, põe-se a admirar a própria imagem e se afoga no amor de si mesmo, no amor da própria imagem que o fascina de dentro da água[13].

Felizmente, o espelho não produz Narcisos que se mutilam ou que tiram a própria vida, como na história de Narciso. Mas seria esse o caso se ninguém respondesse, se só houvesse quem fizesse eco ao que a criança diz, em lugar de lhe oferecer um encontro psíquico válido para seu psiquismo, um encontro com um outro que respeite seu ser, que mostre um desejo diferente, e que o faça ver isso.

E é isto que é importante na linguagem que usamos com o bebê, por menor que seja, assim como com as crianças maiores: é de sermos verdadeiros no que diz respeito ao que sentimos, qualquer que seja essa verdade – o verdadeiro, não o imaginário.

Tomemos o caso de uma parteira esgotada depois de vinte partos, ela já está farta disso, e suponhamos que um bebê chore um pouco mais que um outro, talvez porque sinta angústia. E que ela diga: "Ah, esse vai te dar trabalho!", isso marca a mãe e também a criança, infelizmente. Ela carrega a marca das palavras ouvidas, mas nem sempre temos a mãe para saber disso. É como se anunciasse e, mais que isso, induzisse o comportamento. Porque uma parteira é uma pessoa determinante: ela pôs você no mundo; ela fez você passar pelo primeiro grande perigo da vida que é o risco de morrer no momento do nascimento, momento que se conclui pela descoberta de um modo de vida totalmente diferente, em contato com o ar. É naturalmente alguém muito importante. Portanto, o que ela diz é também muito importante e como ela teve um comportamento realmente salvador, suas palavras fazem parte da vida que foi salva. É assim que se deve entender porque isso é dinamizante de forma positiva, mas negativo como efeito de sentido. "Essa criança vai lhe dar trabalho; ela será insuportável, você não conseguirá criá-la", é isso o que a mãe escutou. Pois bem, a criança será assim para estar viva, porque essa fala acompanhou o fato de estar viva, de ter escapado de um perigo, e que a sábia (a parteira ou o parteiro, o primeiro terceiro presente) diz, como um oráculo, a verdade.

É preciso fazer um trabalho com a mãe: por que a palavra daquela mulher lhe pareceu verídica? É preciso remontar ao que é da ordem da transferência da mãe sobre essa mulher que, apesar de cansada, foi gentil com ela quando de sua chegada. Houve uma transferência positiva ou ambivalente, mas antes positiva, da mãe, que foi, é preciso que se diga, "libertada"* por essa parteira, feiticeira de mau agouro em suas palavras, que estava esgotada, mas que fizera seu trabalho e estava precisando se vingar um pouco por ter se cansado tanto naquele dia. Ela se vingou dizendo: "Ah, bem, você vai ver, essa aí vai dar trabalho!". Se ela não estivesse cansada, talvez tivesse pegado o bebê e o dado à mãe e tudo teria se acalmado. Quem sabe? É por isso que é preciso remontar aos fatos e quando se consegue certa descontração entre mãe e filho já se conseguiu bastante para que a criança não se sinta obrigada a tomar como "pai" a voz da parteira; porque o primeiro outro com a mamãe é o pai (o terceiro da cena da procriação).

A parteira tomou o lugar do genitor; é um genitor simbólico para a criança, simbólico da vida de relação, da primeira relação triangular. O esquema freudiano é um suporte fantástico para o nosso trabalho com as crianças quando compreendemos que elas transferem o outro de sua mãe

----

* No original *délivrée*, que, em francês, tem o duplo sentido de parida e libertada. (N. R. T.)

para a primeira voz que ouvem fora do ventre da mãe, e que essa voz tem um valor marcante, profético, no sentido de induzir o comportamento da criança, enquanto pseudovoz de pai que tudo sabe.

Sempre aconteceu assim nas histórias: as feiticeiras e as fadas dizem coisas sobre a criança. Mas isso ainda existe atualmente, e nós o observamos nas pessoas especialmente sensíveis, que se tornaram marginais, que causam problemas e, por causa disso, procuram psicanalistas ou psicoterapeutas que vão tentar torná-las suportáveis para a sociedade.

É preciso remontar ao que há de sagrado para eles em não serem suportáveis, e o sagrado é ter um pai e fazer-lhe a vontade. Esse "pai" pode ter sido a parteira de mau agouro do começo. Sua palavra deve, pois, se manifestar pelo fazer da criança, que dessa forma sustenta sua realidade existencial, haurida nessa primeira triangulação de linguagem, quando de seu nascimento.

Eis como podemos entender que tudo é linguagem, e que a linguagem, em palavras, é o que há de mais germinativo, mais fecundante, no coração e na simbólica do ser humano que acaba de nascer. Ele só pode se desenvolver num corpo, homem ou mulher, se estiver relacionado com uma voz de homem ou de mulher, com uma outra voz associada à de sua mãe. O "outro" nem sempre quer dizer masculino. Refere-se antes a um impacto importante entre ele, sua mãe e uma terceira pessoa.

Tomemos o caso de uma mulher grávida que está de luto, pois, por exemplo, seu pai morreu durante sua gravidez. Pois bem, haverá sempre na criança uma marca do fato de que o seu rival pertence a um mundo que não o nosso, e isso, para ele, pode chegar ao ponto de não assumir a realidade de seu corpo, de não viver, vivendo meio "ausente", por identificação ao pensamento número um de sua mãe nos últimos meses de sua gravidez.

Isso também se descobre na anamnese com os pais.

Ou, outro exemplo, o de uma criança que morre antes do nascimento. A mãe grávida espera uma criança substituta desse morto, num luto ainda não terminado, não permitindo a esse morto a liberdade de estar morto. A mãe esperava, de modo vago, mas para ela muito importante, que a criança renascesse, com o mesmo sexo, nesse outro bebê que ela esperava. E esse bebê ficará profundamente marcado por essa circunstância.

Muitas crianças que chamamos de psicóticas são marcadas por acontecimentos emocionais semelhantes, que se esclarecem quando se descobre a sua origem. Algumas vezes são elas mesmas que o contam ou o reproduzem em sessão, sem ter consciência de que o fazem.

Lembro-me de um menino de quem só pudemos fazer a psicanálise aos catorze anos. Era um menino inteligente, mas uma caricatura personificada: ele passeava com uma sacola cheia de canhotos de cheque. Ele vasculhava latas de lixo, recolhia papéis por toda a parte e, sempre que possível, recibos de quitação, canhotos de cheques. Ele conhecia muito bem as latas de lixo das grandes lojas, dos atacadistas, onde são jogados papéis velhos. Ele andava com essa sacola de tecido grosso, andava com ela em seu hospital-dia e no metrô. Não podia viver sem essa carga de arquivos de dívidas, de velhos canhotos de contas vencidas.

Era tolerado. Ele aprendia alguma coisa na escola, não era nenhum bobo. Era "tantã", ou seja, psicótico. Ninguém queria um rapaz assim na escola, ainda mais que estava sempre rindo, ao mesmo tempo que anunciava falências. Ele chegava sorridente e dizia: "É, a grande firma tal abriu falência". Em suma, era um "tantã", como tantos outros dos hospitais-dia. É um extraordinário mundo de seres humanos que, às voltas com suas diversas funções simbólicas, não se encontram, e formam uma espécie de colcha de retalhos extraordinária, fascinante para as pessoas que não os conhecem, e que respeitam o humano que há neles, fascinante porque cada um é um mundo todo próprio. Mas é terrível porque são pessoas que não serão livres, e não saberão defender a sua autonomia.

Todos nos sentimos responsáveis em relação a esses excêntricos se não conseguimos ajudá-los a manter o que eles desejem de sua "maluquice" mas também a saber se defender, para que não sejam motivo de mofa e para que possam finalmente ganhar sua vida e ficar livres.

Felizmente, esse rapaz começou a apresentar perturbações de caráter nocivo. Até então ele não prejudicava ninguém, exceto sua família. Mas aconteceu que ele começou a agredir verbalmente as mulheres falando-lhes das suas "tetas". A cada mulher que passava ele dizia: "Como é que são as suas tetas? Quem me dera ver as suas tetas!". Ele tinha catorze anos e estava mudando de voz; na rua, as pessoas se perguntavam: "Quem é esse sujeito?". Ele se tornava desagradável, com a mochila nas costas e seu ar hilário. Depois, de tempos em tempos ele tentava passar a mão nas mulheres, queria apalpar seu decote. Pensou-se então em recorrer a uma psicoterapia psicanalítica. Ele me foi confiado para um tratamento ambulatorial, um pouco separado do hospital-dia.

Quando vi aquela caricatura ambulante chegar, disse-lhe: "Por trás disso tudo deve haver uma história".

– Há sim, e que história! Mas você é a primeira pessoa que percebeu isso! Você também tem tetas?

– Sim, todo mundo tem mas, como sou a primeira pessoa a perceber que há uma história por trás disso, talvez a gente possa falar dessa história e não das minhas tetas.

– Sim, mas... e a falência?

– Todo mundo vai mais ou menos à falência de vez em quando. Falemos de outra coisa hoje.

– Sabe, um desenho às vezes diz mais que qualquer outra coisa.

– Sim, está bem, por que não?

E, no maior silêncio, se pôs a desenhar. Esse desenho, que vou lhes descrever, ninguém poderia imaginar o que iria revelar.

Ele mostrava uma mulher grávida, com uma barriga enorme, andando na rua. Atrás, no ar, uma espécie de polvo cujos tentáculos alcançavam a barriga da mulher grávida. Era um desenho parecido com os de histórias em quadrinhos, um pouco vulgar do ponto de vista estético, mas muito bem feito. Da mesma forma que as crianças, que escrevem "árvore", "casa" ao lado de seus desenhos, ele escrevera nomes e datas: "fulana" (a mulher grávida), nome que mais tarde vim a saber que era o da sua mãe, "vinte e cinco anos"; "sicrana" (o polvo), "dezoito anos" – o menino àquela altura já tinha quinze anos. E depois a casa "falida", o nome do diretor-presidente. Tudo estava carregado de sentido.

Então eu lhe disse: "O que significa tudo isso?" e, como sempre costumo fazer no meu trabalho[14], perguntei: "E você, onde está?".

– Ora, é visível, só se vê eu!

– É mesmo?!

E ele me mostrou a barriga "da" mãe e disse "o seio". Não "as tetas": "o seio". (De fato, nas "tetas" "da" mãe ele desenhara um sutiã.) "Eu estou aqui", disse ele, mostrando a barriga da mulher.

– Mas essa que tem tentáculos e que parece um polvo atrás da mulher e que vai atacar sua barriga – quem é?

– É aquela que não queria que eu nascesse.

– Quem é essa pessoa?

– Bom, ela se chama fulana (um outro nome). Você não a conhece?

– Não.

– Ela faliu, então nasci.
(Portanto havia o nome feminino e a data de nascimento, cinco ou seis anos antes da sua.)
Disse para mim mesma: que história é essa? Ele está delirando! Propus-lhe então: "Você permite que eu conheça seus pais? Não entendo nada dessa história que parece ser a sua... Mas, como estamos tentando trabalhar juntos para que as pessoas não fiquem rindo de você e para que você continue a estudar aqui – pois se você continuar agindo da mesma forma na rua a polícia vai prender você, porque as mulheres não querem que lhes tirem a roupa para ver se suas tetas estão no lugar certo! –, se você quiser vou encontrar com seus pais.
– Está certo!
Descobri, então, o que a mãe nunca contara no hospital-dia. Ela perdera o primeiro filho, que tinha o nome que fora atribuído ao polvo do desenho, quando ele tinha dezoito meses, de uma doença infantil, quando ela estava no começo de uma segunda gravidez. Ela estava grávida de um ou dois meses quando sua filhinha mais velha morreu. Ela não fez nenhum luto, nem se deu conta disso. Ela me disse: "Eu me sentia tão consolada por esperar um outro filho, e imagine só, era outra menininha, podia-se dizer que uma cópia da outra. Sentia-me plenamente consolada. Só meu marido continuava a se lamentar. Eu lhe dizia: 'Mas ouça, o nascimento dessa segunda é um consolo tão grande para nós'. Mas curioso é que meu marido continuava lamentando a morte da mais velha. Comigo era diferente. Como meu filho sabe o nome dela? Não entendo. Eu nunca lhe falei dela".
– Quem sabe no túmulo, no cemitério?
– Ah! Talvez.
No relatório, ela dissera que tinha duas crianças: a mais velha, fulana, e ele. Ela não falou de modo algum da criança que morrera. Mas quando ela estava grávida dele: "Foi uma

surpresa extraordinária para mim" – disse ela. – "Desde o momento em que soube que estava grávida, eu só sentia a morte da minha mais velha, só pensava na mais velha de quem eu me esquecera antes. Falei, então, com meu marido e ele me respondeu: 'Ouça, agora que já estou começando a esquecer, talvez seja por causa disso – às vezes isso acontece com um casal –, é você que se entristece. Mas, sabe, eu já estou me curando. Fulana (a segunda) não pôde tomar o lugar da mais velha; para mim, essa filhinha ainda existe, mas já não sofro tanto. Você também vai se curar'."

Creio que o pai ficou um pouco consolado por essa terceira gravidez, principalmente quando viu que era um filho. Ele estava muito contente de ter um filho, como muitos pais que já têm duas filhas.

Portanto, o menino foi trazido no ventre por sua mãe no luto por essa criança mais velha desconhecida e não mencionada pela família, que ele apresentava como um polvo negro que atacava a criança; mas ela falira, pois ainda assim ele conseguira nascer. Era essa a sua história, contada pelo desenho.

E eis que a criança convivia com aquilo desde o nascimento. Apesar de um curso primário satisfatório, fora expulso da escola por se manter sempre à margem, por suas esquisitices. Depois, com a puberdade, ficou envolvido com o problema do "seio" (seio interior, seios exteriores), e com o problema com sua mãe que, grávida dele, só pensava na mais velha morta. Era preciso estar morto, e talvez ser uma menina, para ser amado. Então, como fazer para estar vivo e morto ao mesmo tempo? Daí esses velhos canhotos de débitos que carregava consigo e ao mesmo tempo os diretores-presidentes que faliam. E a falência, era o fato de que essa morta fracassara, que ele resistira às forças da morte. Na verdade ele vivia seu Édipo. Rivalizava com o outro de sua mãe, importante para ela quando estava grávida dele: a filhinha por quem só então ela chorava.

O "pai" nem sempre é o genitor ou o companheiro da mãe, é a pessoa que ocupa os pensamentos da mãe gestante e que tem o papel simbólico do terceiro, isto é, de pai na díade mãe e filho.

Aqui, esse terceiro induziu o desejo da criança a se desenvolver de uma forma totalmente distorcida em relação à evolução habitual daquele que é chamado a se tornar um indivíduo responsável.

Aí é que está o trabalho que nós, psicanalistas, temos que desenvolver: decodificar uma linguagem que perturbou o andamento normal do desenvolvimento linguagem-corpo da criança antes da fala.

Quando se trata de bebês precocemente perturbados, é preciso cuidar desde cedo. É preciso falar ao bebê do drama no qual ele foi gestado. E a partir do momento em que se diz a uma criança, com palavras, o que perturbou a relação entre sua mãe e ela, ou entre ela e ela mesma, prevenimos um agravamento de seu estado de sofrimento e às vezes evitamos sua entrada nesse estado.

É como desfazer um feitiço, a antivida que está relacionada com ele e que impede as pulsões de vida de serem mais fortes que as pulsões de morte no indivíduo. Como uma moeda que tem cara e coroa, somos o tempo todo habitados por um desejo de voltar ao sujeito sem corpo de antes de nascer, que não é o morto, que é a suposta invariância do antes da vida.

Estamos na variância com um corpo, pois ele cresce até morrer. Todos os dias há uma modificação, e ao mesmo tempo as funções são repetitivas. Portanto, o que é sempre igual são as necessidades e isso é algo mortífero para o espírito que deseja. Estamos todo o tempo presos entre, de um lado, as pulsões de não vida, pulsões de repetição – o que nós chamamos em psicanálise de pulsões de morte – que são ao mesmo tempo pulsões de morte do indivíduo e pulsões de morte do sujeito do desejo, que gostaria de não ter nascido porque assim seria mais fácil; e também, por outro lado, as pulsões de vida, que são de conservação do indivíduo, e as pulsões de desejo[15].

A necessidade é repetitiva, o desejo é sempre algo novo, e é por isso que, na educação, temos que ter o cuidado de não satisfazer todos os desejos. Mas sempre, com palavras, justificar o sujeito por verbalizar os seus desejos e não tentar dissuadi-lo desses desejos nem criticá-lo por isso. As necessidades, sim, devem-se satisfazê-las; sobre os desejos, falar muito. Palavra, representação, desenho, mímica, modelagem, é isso que faz a cultura, a literatura, a escultura, a música, a pintura, o desenho, a dança – tudo isso são representações de desejos, e não vivências no corpo a corpo com o outro. É representação para comunicar seus desejos ao outro. E é com isso que a educação deve se preocupar o tempo todo, em sustentar sempre o desejo do novo, e, em contrapartida, não satisfazer os desejos que, tão logo satisfeitos, entram na escala das necessidades que vai ser preciso repetir, e com uma sensação cada vez mais forte, porque a necessidade é um hábito e o hábito não nos interessa mais, é uma coisa mortífera.

Eis o que eu queria fazê-los compreender: que o ser humano é obrigado a avançar. Se ele não avança, estagna, e se fica estagnado por muito tempo, regride. Ele regride em sua história. Ele regride a modalidades libidinais passadas. Quando esse passado foi traumatizante – uma gravidez mal vivida, por exemplo – é perigoso voltar a ele. Para não voltar a ele, só há uma maneira, que é dizer, exprimir de forma representativa essa regressão ameaçadora, portanto, falar. A partir do momento em que algo foi falado, não se regredirá jamais a isso. Daí a eficácia do trabalho analítico, quando o material arcaico pode ser rememorado no tratamento, vivido na transferência, e aí analisado.

É, isso, aliás, que deu um caráter terapêutico a certas psicoterapias centradas no passado a ser revivido, ou à psicanálise, embora sejam trabalhos bastante diferentes.

Com efeito, as pessoas que procuram a psicoterapia porque sofrem sabem conscientemente de que sofrem. Elas falam desse sofrimento. Mas elas se apegam, sem o saberem, a esse hábito que têm de sofrer, elas não o querem abandonar. Elas gostariam de abandoná-lo e ao mesmo tempo não querem, porque é assim: viver é sofrer. Mas o que é demais é demais. Então elas procuram a terapia porque esse sofrimento as inibem e impedem de se desenvolver. Infelizmente, elas se apegam a ele, e todo o trabalho consiste em colocar em palavras tudo aquilo a que se apegam, para que seja superado, para que não tenham mais necessidade disso e para que o desejo se renove numa direção mais prazerosa que o sofrimento. Isso é uma psicoterapia.

A psicanálise é mais complexa, pois não se visa a uma cura, não se visa a algo conhecido. Na psicanálise, reconstrói-se a história de seu corpo-coração ou espírito-linguagem.

Por exemplo, a criança psicótica da máquina de costura: não se tratou de um caso de psicoterapia, mas de uma psicanálise. Com a ajuda da mãe, a história daquela criança pôde ser reatualizada a partir de quando ela se desviou do caminho. Como ela não tinha pai, e só a máquina de costura fazia o papel de terceiro e de produtor de dinheiro para as necessidades e desejos, ela funcionava como substituto do pai, o outro da mãe. Não podia ser de forma alguma o senhor que ludibriava sua mãe todos os sábados subtraindo dinheiro dela a pretexto de que a casa de botão de um colete não estava boa, que um colete isso, um colete aquilo. Ela era torturada dessa forma por esse homem, porque pensava que receberia uma determinada soma, e depois ele sempre inventava umas histórias: "É pegar ou largar; ou você aceita isso ou não pego sua mercadoria" etc. E o menino percebia a tensão que havia entre sua mãe e aquele homem. Portanto, não era com ele que a criança queria se identificar; o menino se identificava com aquele de que sua mãe gostava, com quem fazia sua mãe ganhar a vida, que fazia os dois, ele e a mãe, viverem: a máquina de costura, a amiga, que infelizmente era uma coisa, mas que para a criança parecia viva porque se mexia o tempo todo; aquilo lhes trazia a vida, aquele ruído combinado com sua mãe.

Pudemos reconstituir essa história e compreender o que havia de sadio na criança, que sempre fora sadia, mas que se enganara de Eu Ideal[16], tomando o Eu Ideal máquina por aquilo com que um rapaz de valor deveria se identificar, para um dia ter uma mulher de valor como era sua mãe.

Isto é uma psicanálise, ao passo que uma psicoterapia seria distraí-lo disso, levando-o a fazer outra coisa, ocupando-o. Mas quando se trata de algo muito profundo, muito precoce – durante a gravidez ou os primeiros anos de vida –, é necessário fazer uma psicanálise.

Se se trata, porém, de um ser humano inteiramente sadio – perfeitamente sociável, triste quando tem motivo para isso, alegre quando brinca, que tem amigos etc. – que um acontecimento dramático traumatizou, se se sabe a partir de que época, e que tudo o que havia antes permaneceu, não há necessidade de psicanálise. É o caso de uma psicoterapia porque, até a morte do pai, por exemplo, ou da mãe, que aconteceu quando a criança tinha nove ou dez anos, ela ia muito bem.

Há, pois, em relação a esse acontecimento algo a "psicoterapeutizar" mas, como tudo o mais que veio antes é sadio, o indivíduo se desenvolveu em bases sadias e não há necessidade de remontar à sua pequena infância.

Poder-se-ia fazer isso. Todo mundo poderia fazer uma psicanálise, mas é um tal gasto de tempo, de dinheiro e de energia! Uma análise requer muita energia, mesmo que as pessoas não se deem conta disso. E além do mais, não somos tão numerosos para psicanalisar todo o mundo! Mas pode-se afirmar que, para a maioria das crianças que apresentam problemas antes dos seis anos, é necessária uma psicanálise e não uma psicoterapia, isto é, é preciso recuar em sua história e, se possível, até seu desejo de entrar na carne, vindo se imiscuir na união de seus pais para tomar corpo. Há pessoas que reconstroem até esse momento. Em geral trata-se de pessoas que, em criança, deprimiam-se facilmente.

Elas regridem ao momento do nascimento ou a um incidente acontecido aos três meses de vida fetal ou até o momento da concepção. Por exemplo, ignorou-se que tinham sido concebidas durante os dois ou três primeiros meses de vida fetal; elas têm como que um desejo de voltar a essa ignorância do ser, por si mesmas, a ignorar ser; elas têm momentos de ausência. Algumas vezes, no curso de sua psicanálise, encontram testemunhas de sua infância que dizem: "Sim, sua mãe achava que tinha um fibroma, foi ao médico e estava grávida! Pense no que foi isso para ela, que já tinha filhos grandes; mas era tarde demais para abortar". É isto.

E a criança, que até então estava vivendo tranquilamente, ninguém se apercebera de que estava lá.

E quando, mais tarde, essas pessoas têm problemas, têm tendência a se privar de todo tipo de relação pessoal, até consigo mesmas, para que ninguém se ocupe delas... Elas parecem completamente abúlicas nesses momentos, pois sentem necessidade de se eclipsar, desaparecer para seus amigos, os quais respeitam esses retiros, que não constituem recusas.

Essas pessoas têm alguma coisa que data da época mais remota de sua vida, e isso é da competência de uma análise e não de uma psicoterapia.

O ser humano é marcado pelos contatos verdadeiros que manteve com o consciente e o inconsciente das pessoas que viviam à sua volta, a mãe em primeiro lugar, o pai, e as primeiras pessoas que faziam o papel do outro de sua mãe.

Vou parar por aqui. Se vocês acharam difícil acompanhar a minha exposição, vamos esclarecer melhor com exemplos, respondendo às perguntas pessoais que vocês poderão fazer ou comentando casos problemáticos com que têm que lidar, cada um em seu trabalho. Talvez possamos esclarecê-los e compreender como a linguagem dá fruto num ser, em cada nível de desenvolvimento, e desde que ele possa entender. Fruto, isto é, dinâmica que sustenta e estímulo às pulsões de vida, ou dinâmica que deprime de acordo com o que esse ser entende, compreende.

Na seção seguinte, F. Dolto passa a responder às perguntas que lhe são dirigidas pelo público

PERGUNTA: *Se a dança e a música são expressões de desejo e não se deve satisfazer o desejo, então não é bom fazer com que as crianças dancem.*

F.D.: O que eu disse foi exatamente o contrário. Eu disse que nunca se pode satisfazer um desejo sem que ele se reforce. Se o desejo é verdadeiro nunca se sacia. Se ele não é autêntico, morre. Assim, no que diz respeito à dança, é a criança que se satisfaz se a dança a interessa. Mas se a mãe satisfaz seu próprio desejo de dançar através do filho, nesse caso, sim, a criança está sendo vítima de abuso pela mãe. Em contrapartida, se foi dada à criança a oportunidade de conhecer esse meio de expressão que é a dança e ela continua gostando de dançar, nesse caso não é você que a está satisfazendo, é ela mesma que procura satisfazer esse desejo junto àqueles cuja profissão é orientar as pessoas para que possam se exprimir por meio da dança.

A dança é uma linguagem, e essa linguagem não é apenas uma satisfação do corpo ou do corpo a corpo. É uma arte que transcende o corpo.

Eu lhes falava de satisfações do corpo pelo próprio corpo e esse tipo de satisfação, se vem diretamente, sem passar por um longo caminho de trabalho, logo cai no repetitivo da necessidade.

PERGUNTA: *Dê um exemplo do que quer dizer satisfazer as necessidades da criança, mas não todos os seus desejos.*

F.D.: Por exemplo, uma criança não quer comer. Não se deve de forma alguma obrigá-la a comer; porque se fosse uma necessidade, ela comeria. Se ela não quer comer é porque não está precisando disso, seria mais um desejo seu e não dela. Você lhe diz: "Se você está sem fome, não há problema, você come quando estiver com fome". As mães não sabem quando seus filhos têm fome. E então: "Se você está com fome, é a sua mão que vai lhe dar comida, não é a minha mão, a da mamãe, como se você não pudesse comer sozinho".

É um trabalho gradual fazer a criança conquistar sua autonomia em relação a si mesma, o que eu chamo de automaternar-se. A automaternagem começa desde cedo para a criança, desde antes de andar. Começa com o ato de pôr na boca aquilo de que ela precisa, seja porque tem fome, seja para tomar conhecimento do objeto, o que tem a ver ao mesmo tempo com a necessidade e com o desejo.

Nosso papel não é ritmar as necessidades da criança, como pensamos, mas estar a serviço de seus ritmos, dar-lhe comida quando tem fome. Ela pega o que quer do que lhe oferecemos, e se ela não quer, temos que dizer: "Está bem". Comer quando não se tem fome é uma aberração: não se sabe o que se está fazendo. Em última análise, pode-se dizer que é "perverso" comer sem ter fome. Quando se obriga uma criança a comer sem fome, é como se lhe estivessem inculcando uma perversão, para satisfazer o adulto.

O mesmo acontece em relação à continência, aquilo a que chamam "ser ou estar limpo". Suponhamos, por exemplo, uma menina que, aos quinze meses, já é naturalmente continente. É um caso de precocidade, mas nada muito extraordinário numa menina, uma vez que não existe nenhuma relação entre o prazer de satisfazer essa necessidade e o prazer das pulsões sexuais; ao passo que existe uma relação entre as duas coisas no sexo masculino: é por isso que os meninos são continentes mais tarde que as meninas.

Um menino tem, em média, sete ereções por noite e, no curso dessas ereções, acontece que ele precisa urinar, e isso até a idade de trinta meses, no mínimo, pois é nessa idade que o pênis em ereção já não tem comunicação com a bexiga, mas sim com as vesículas seminais. Há um órgão fisiológico que se desenvolve entre os vinte e um e os trinta e um meses de idade nos meninos, e que faz que não possa mais urinar quando o pênis está ereto, como fazia desde o nascimento. Um dia sairá esperma mas, enquanto isso, não sai mais nada – sendo que até então, cada vez que ele tinha uma ereção podia ter o prazer de urinar livremente.

A capacidade masculina de lançar um jato com o pênis ereto é algo absolutamente fundamental; tanto é que, quanto mais o menino é estimulado a fazer xixi quando a mamãe pede – e não quando ele quer –, mais tempo ele levará fazendo xixi na cama porque, à noite, ele não é responsável por suas ereções. Como não se deve molhar a cama, e como mamãe ensinou que não é certo nem bonito tocar o sexo – e, portanto, ter ereção –, ele é obrigado a urinar porque para numa meia-ereção para não ter o prazer de uma ereção plena, completa. O superego vela durante seu sono. Se o menino tem uma ereção completa e rápida, não pode urinar; mas numa meia-ereção, ele ainda pode urinar durante certo tempo, mesmo que isso prejudique um pouco esse órgão do ponto de vista fisiológico, que se chama *veru montanum*. Assim como a laringe que se desenvolve mais tarde (por isso a voz que muda), o *veru montanum* se desenvolve em torno dos vinte e oito-trinta meses. A partir daí, o pênis ereto não pode mais urinar, só o fazendo quando está flácido.

Portanto, não é a mesma coisa para meninos e meninas. Ambos em geral são continentes à noite, três meses após a continência diurna. Se ninguém prestar muita atenção a isso, acontece dessa maneira. A continência muito precoce é sinal de atraso na autonomia. A continência muito tardia é um sintoma de desejo mesclado com necessidades ou sintoma de atraso sexual da criança.

E como eu dizia, as meninas são limpas muito mais cedo, porque nelas não existe nenhuma relação entre o prazer da necessidade e o prazer da espera do desejo, desejo de ser penetrada pelo príncipe encantado (de que os anéis constituem um símbolo). Vocês conhecem a canção: "Havia dez moças querendo casar, o filho do rei iria passar", depois ele flerta com todas elas mas só uma delas é a eleita. Vocês conhecem muito bem esta canção, de que as meninas tanto gostam. Isso é bem típico das meninas que desejam e esperam ser penetradas pelo olhar, serem penetradas por uma palavra de amor daquele que elegem. Não há nenhuma relação entre o sexo e os emunctórios nas meninas. Se há uma relação um pouco patogênica e perversa, é quando são levadas a acreditar que são as mães que "fazem" os bebês. Então elas têm um modelo (e não poderiam ter outro) que faz dos bebês uma espécie de cocozinho mágico – de resto, muitas mães chamam os filhos de "meu cocozinho"*.

É um momento muito importante e não se deve perder a oportunidade de dizer à criança: "Fui eu que a pus no mundo, mas você é filha de seu pai". Uma mulher nunca teria

....
* No original: *ma crotte*. (N. R. T.)

um filho se um homem não lhe desse essa possibilidade. A criança se desenvolve no corpo de uma mulher, mas depois de ter sido concebida pelos dois, seu pai e sua mãe.

A mamãe não é mágica, não é um cocô mágico. É muito importante dizer isso porque essa imaginação do trato digestivo, posta a serviço da magia do parto – o bebê como um caso especial de cocô –, é o que tanto prejudicou as mulheres antes da preparação atual para o parto: muitas mulheres tinham uma falsa representação do "trabalho". Elas pariam "pelos rins", como diziam, porque a expressão "empurre, senhora" ia na contramão da imagem de suas vias genitais, cujo funcionamento e formas a mulher ignorava. Desde que existe a preparação para o parto, as coisas mudaram, mas é desde a infância que as meninas deveriam ser informadas de sua anatomia funcional, a do prazer e a da procriação.

As vias genitais da mulher são como uma cornucópia, isto é, na hora do parto a mulher sente seu corpo como uma cornucópia que se abre pela frente. Se não fosse pela gravidade, a criança nasceria com a cabeça junto à da mãe. Mas, ao nascer, entra-se na gravidade: ela cairia. Na realidade, o movimento é também circular: o bebê que nasce gira sobre seu próprio eixo ao sair da mãe.

De qualquer forma, essa espécie de representação digestiva da gestação é uma perturbação imaginária devida, nas meninas, à "perversão" na infância que, na linguagem, permite que creiam nesse parto partenogênico das mulheres, nesse destino futuro de mulheres que poderiam criar sociedades sem homens.

Para os meninos, estando o aparelho genital totalmente ligado ao aparelho urinário, tudo o que constitui desritmação e culpabilização do funcionamento urinário age sobre a liberdade futura da genitalidade. Não é nada disso a educação sexual de um menino; ela tem por finalidade formá-lo no respeito ao próprio sexo, no respeito ao outro na relação amorosa e na relação de busca do corpo a corpo, para um prazer partilhado na satisfação do desejo, e, portanto, de forma alguma culpabilizar a ereção! Ora, é justamente isso que se faz quando se diz a ele, assim que ele toca no próprio pênis ou quando se agita: "Vá fazer xixi" quando, na maioria dos casos, ele se inquieta e toca o pênis justamente porque teve uma ereção e é natural e "normal" tocar esse pênis para fazer baixar a ereção. É seu dever sagrado, de pequeno macho, que descobre ter esse papel, com a consciência concomitante de que as ereções não são voluntárias, mas que ele pode ter controle para fazer parar a ereção. Porque quando a pessoa está fazendo outra coisa, ter uma ereção atrapalha, distrai a atenção.

Por aí vocês podem ver como tudo isso é importante para o futuro da criança.

Certa ocasião encontrei um velho médico. Estou me repetindo um pouco, e as pessoas que já me ouviram talvez já saibam dessa história, mas são histórias que marcam quando se trata de uma jovem médica pediatra se tornando psicanalista, como era o meu caso àquela época.

Eu muitas vezes passava o dia caçando ou pescando. Os médicos gostam muito dessa distração de fim de semana que os afasta de seus consultórios. Entre meus companheiros, encontrava-se um velho médico, que tinha então 92 anos de idade. Ele fora outrora um caçador emérito e gostava de ir ao clube de caça que costumávamos frequentar. Sabendo que eu trabalhava com crianças, ele me disse um dia: "No meu tempo não se viam tantos casos de xixi na cama como depois da guerra de 1914. Era raro". Eu era relativamente jovem naquele tempo e lhe respondi: "O que o senhor está me dizendo é interessante. Eu achava que esse tipo de coisa sempre existira, e que era devido ao fato de que as mães criam os filhos culpando-os por não serem capazes de controlar os excrementos antes que eles sejam capazes do ponto de vista neurológico.

"Ah! minha jovem colega, isso que você está dizendo me interessa muito; posso lhe afirmar que não tive tempo de estudar Freud e todas essas coisas, mas pude ajudar muitos jovens casais!" Referia-se aos problemas da vida genital, que ele relacionava aos distúrbios enuréticos na criança; ele nunca tinha visto tantos antes da guerra de 1914. "Havia algumas famílias, raras – dizia ele –, em que os meninos faziam xixi na cama até quando eram mais velhos. Eu os conhecia. Eu dizia ao pai: 'Não se preocupe; você era assim; seu pai me contou que ele também era assim. Diga à sua mulher que tenha paciência. Seu filho é assim, mas vocês todos se tornaram gente muito boa; não se trata de uma doença'. É o mesmo caso de crianças que demoram a falar, ou têm certo retardo na motricidade, elas podem desenvolver-se normalmente e se tornar acrobatas, mesmo tendo começado depois dos outros."

E ele continuava a falar, pensando alto.

De fato, não existe idade para o desenvolvimento. O que é preciso fazer é evitar esperar da criança determinado comportamento antes que ela tenha tido o que corresponde ao despertar do interesse pela motricidade, pela limpeza etc.

Ele acrescentou mais essa informação interessante:

"Eu vi que essa coisa começou a surgir depois da guerra de 1914. Depois da guerra de 1914, no campo, as mulheres, dizia ele, começaram a ser culpabilizadas por colocar fraldas não completamente secas nas crianças, porque haviam ensinado a elas que as cólicas – o que então se chamava diarreia verde, que agora se chama toxicose e que outrora era uma terrível causa de mortalidade infantil – podiam ser decorrentes disso. Explicou-se às mães que era preciso colocar fraldas bem secas nas crianças para que não tomassem frio na barriga, fraldas previamente fervidas e passadas a ferro quente para assepsia.

"Então as mulheres passaram a se culpar: talvez fosse por sua culpa que seu filho morria de diarreia. Elas o diziam umas às outras e as pequenas casas estavam cheias de fraldas que tinham de secar. Mas no inverno, como secar aquelas fraldas, quando só se dispõe de uma estufa e se mora num lugar apertado?

"É completamente diferente hoje: com as fraldas descartáveis que se jogam fora, nem é preciso mais fazer o branqueamento. Àquela época, quando as mulheres faziam o branqueamento, a roupa nunca ficava bem enxaguada, nem todo mundo dispunha de água. Era preciso ir à fonte, e o inverno era gelado. Essa higiene de trocar as fraldas dos bebês trazia complicações terríveis. Era por isso que as mães vigiavam, antes que as crianças fizessem xixi ou cocô, para que não sujassem a roupa, com todas as complicações que isso acarretava e sempre a mesma ameaça: se eu ponho alguma roupa nele não muito seca ou mal lavada, ele vai ter eritema nas nádegas, vai se infectar ou, se não estiver seco, vai ter diarreia verde por causa do frio na barriga.

"Além do mais", acrescentava ele, "as mães queriam seguir a moda da rainha da Inglaterra" – era o nome que ele dava –, "encueirar as crianças à inglesa. Quer dizer que em lugar de as envolver com um grosso cobertor de lã – o que fazia que não sentissem frio se estivessem molhadas – começou-se a achar que era preciso deixar suas pernas à mostra, porque assim elas poderiam mexê-las mais livremente. O que é verdade, mas ao mesmo tempo isso trazia o perigo dos calções de borracha que nunca permitiam a passagem adequada do ar. As crianças suavam dentro deles, as fraldas molhadas esfriavam, a criança tinha cólicas etc."

Portanto, para aquele velho colega era o lado prático da troca de fraldas dos bebês que explicava o enorme cuidado das mães e seus esforços para prevenir todos os riscos devidos ao frio, à umidade: as dermatoses das nádegas, as diarreias dos bebês.

E ele continuava: "Outrora, as crianças não eram de forma alguma educadas para serem limpas enquanto não conseguiam andar. Elas viviam em cueiros, embrulhadas em grossos cobertores, e às vezes penduradas na parede quando os pais saíam, para evitar que o gato, o cachorro ou os ratos lhes saltassem em cima quando seus pais estavam no campo; e além do mais, o calor que vinha do fogo era maior no alto que no nível do chão".

Pendurado na parede e metido em seu cueiro, o bebê enfaixado não corria nenhum risco, conforme se vê no Hospital dos Inocentes, em Florença[17], todos aqueles *bambini* de Andrea della Robbia. As crianças usavam cueiros, com faixas em volta de mantas de lã e quando começavam a andar punham-lhes um vestido de droguete – é um termo antigo que quer dizer tecido grosso de lã e algodão. Havia um peitilho e um vestido que tinha uma barra muito grande que ia sendo desdobrada pouco a pouco para torná-lo mais comprido. Como o tórax não aumenta o volume com o crescimento, esses vestidos, que serviam tanto para meninos como para meninas, duravam até os quatro anos de idade. Elas usavam esses vestidos, que eram trocados de tempos em tempos. Por baixo não havia nada, e eles faziam o que tinham que fazer! O chão era de terra batida e sempre havia uma avó que limpava o cocô e o xixi da criança inocente. Ninguém fazia drama e as crianças iam aprendendo a controlar essas funções naturalmente. Ninguém nunca se preocupava com isso. As coisas eram assim e pronto[18].

Punham-se então calções nos meninos e vestidos nas meninas. Não havia complicações em relação ao xixi-cocô. No campo isso não existia. Isso começou a partir do momento em que se começou a vestir os bebês à inglesa, como dizia aquele médico, quando essa ideia foi lançada nos jornais femininos: "Como são engraçadinhos com calçõezinhos e as coxinhas nuas, esses anjinhos bundudinhos!". Não sei por que isso virou moda a partir de 1900 nas famílias abastadas, e em seguida, logo depois da guerra de 1914, até mesmo nas famílias rurais.

O que também mudou foi o conceito de conforto. Principalmente em relação ao chão: começou-se a fazer assoalhos de madeira e tapetes de linóleo. No caso dos tapetes de linóleo, sempre se podia limpar, eram impermeáveis; mas quando se tratava do assoalho, era diferente, pois ele sujava, era preciso encerar novamente; um acidente no taco encerado dava um trabalhão à mamãe.

Pode-se ver perfeitamente como um fato da vida prática, da estética das residências, e ao mesmo tempo do conhecimento de noções de higiene, seguido das descobertas de Pasteur, do papel da assepsia na luta contra a morbidade e mortalidade infantis – pode-se ver como tudo isso contribuiu para tornar as mães angustiadas com o fato de as crianças se sujarem, se molharem, com todas as complicações cutâneas ou gerais que isso podia acarretar.

Felizmente, hoje em dia o perigo é mínimo, pois existem as fraldas descartáveis. Mas continuamos a achar que é bom que as crianças desde cedo sejam limpas, coisa a que, durante séculos de humanidade, ninguém dava importância. Costuma-se, entretanto, ouvir essa linguagem de "agradar a mamãe" ou as pessoas que lhe fazem as vezes, quando se faz cocô: "Ah, como ele é limpinho, ah, como ele comeu bem!...". A criança comeu e pronto, nem bem, nem mal. Come-se direito quando se é capaz, graças ao advento da coordenação, de comer sem jogar tudo para fora do prato, mas não é comer bem, nem não bem. Come-se segundo a fome. Pode acontecer de se comer muito, ou pouco, mas o que quer dizer "bem"? As mães estão sempre perguntando: "Ele comeu 'bem'?" Ou: "Ele não tomou o iogurte 'dele'?" (Porque, claro, é o dele...) "Ele comeu 'seu' bife?". Ele comeu o que tinha de comer, e ponto final.

Há também a represália: "Se você não come isto, não lhe dou aquilo". É incrível, toda essa negociação pela qual as mães dão um extraordinário valor ao que se absorve ou produz com o corpo, quando o importante é que, com o desejo, se cria para os outros em comunicação – mas sem servilismo – e sobretudo quanto às necessidades, em seu próprio ritmo.

Eu lhes falava da dança. É uma coisa muito criativa, o belo para os outros; e trabalhar para conseguir isso é o próprio do ser humano, é a criação para a socialização, para o prazer, tanto próprio quanto dos outros. Esse prazer, que é uma procura de linguagem na dança, é a linguagem cinética, expressiva e estética.

De início isso pode ser uma sugestão da mãe, por que não? E além do mais, pode agradar ou não à criança. Os arabescos que desenha com seu corpo no espaço, o prazer de seguir um ritmo, e ao mesmo tempo brincar com a gravidade, é isso a dança. Não resta senão uma lembrança no olhar e a emoção que o espectador possa ter tido de se sentir em comunhão com aquele que se exprime. Para certas pessoas, a alegria de dançar é uma grande felicidade, mas que exige esforços imensos. Se a própria criança não o deseja, é perigoso e perverso lhe impor isso.

É pernicioso para uma criança satisfazer o desejo da mãe dançando para ela. Que ela dance pelo próprio prazer e para os que têm a sua idade, com as pessoas cuja profissão é ensiná-lo àqueles que são feitos para isso na sociedade. Mas a criança nunca deveria ser chamada a satisfazer o desejo da mãe.

É uma pena! Na época fusional com a mãe, é seu maior prazer. Mas isso não deve durar. É por isso também que certas crianças se recusam a comer, porque a mãe deseja demais que elas comam. E estas crianças têm razão. Se continuam a satisfazer o desejo da mãe, tornam-se perversas, pois é o adulto escolhido pela mãe que deve satisfazer seu desejo, não o filho.

Nós, mães, temos de reconhecer, somos sempre um pouco assim: quando preparamos um bom prato sentimo-nos desapontadas e humilhadas se nosso filho ou mesmo o ser amado não come ou se não faz todos os elogios esperados. Acontece porém de ele não estar com fome naquele dia e ele não vai prejudicar o próprio estômago para nos agradar! Um adulto pode dizer isso, ou jogar metade da comida no lixo quando ninguém estiver olhando, para não desapontar a cozinheira. Mas imaginem a criança a quem se deu uma fatia de pão com manteiga e geleia e que vai jogá-la no vão da escada – vi muito disso: a zeladora queixava-se de encontrar fatias de pão no fundo do poço do elevador. A mãe fazia uma cena terrível se o filho não comesse suas duas fatias de pão com manteiga e geleia na hora do lanche. Ele não estava com fome, ou talvez estivesse, mas não queria satisfazer a mãe. Era problema dele, não havia necessidade de ir atrás de psicanálise, nem de psicoterapia. E no entanto isso era considerado um dos "sintomas" dessa criança dita inadaptada!

Por que continuar a lhe dar fatias de pão, em vez de lhe dizer: "Você já está grandinho; um menino de oito anos pode muito bem preparar seu pão sozinho"? Não vejo por que a mãe é obrigada a preparar o lanche e dá-lo a ele.

Quando eu disse isto, essa frase suscitou um: "É isso que meu marido me diz!... Mas então para que serve uma mãe se não for para cuidar da saúde de seus filhos?". Para essa mãe, era "bom" para seu filho comer sem ter fome para que ela "servisse para alguma coisa".

Quero ilustrar um pouco mais este tema: satisfazer as necessidades mas nem sempre o desejo. Por exemplo, uma criança não tem necessidade de balas. Ela pede uma bala pelo prazer de se sentir objeto de atenção, de que falem com ela, de que demonstrem que a amam. É muito interessante observar que, se se diz à criança: "Ah, sim, e como seria esta bala? Vermelha?" – começamos a falar durante uma meia hora do gosto da bala, dependendo se é vermelha ou verde, podemos até desenhar balas –, e a criança esquece que queria comer uma bala. Mas que conversa gostosa sobre balas, que momento agradável aquele!

É assim: ela vem lhe pedir uma coisa, ela quer alguma coisa, ela quer falar dela; observem como é interessante num passeio olhar uma vitrine com uma criança. Que banho cultural é conversar e brincar de dar presentes na imaginação, e também que prova de amor!

A criança diz: "Ah, eu queria aquele caminhão para mim". A mamãe responde: "Ah, não, é impossível, não tenho dinheiro". Vamos, vamos, paremos de olhar: ela não quer que a criança seja tentada; mas viver é isso, é pôr em palavras aquilo que nos tenta, falar disso.

– Você acha aquele caminhão legal?
– Acho, sim.
– O que é que ele tem de legal?
– Ele tem rodas vermelhas.
– Sim, está certo. Mas as rodas vermelhas, elas podem não rodar. Um caminhão não é um desenho, é preciso que ele ande. Vamos entrar na loja e você vai pegar nele; hoje vamos só olhar, não tenho dinheiro para comprar.
– Tem, sim, tem, sim!
– Não tenho mesmo; se você prefere, a gente não entra para ver de perto e pegar nele.
– Não, eu quero...

Quando a criança nota que a mãe está decidida: "É não, mas vamos falar etc.", ela se acalma. Aquilo de que ela precisa mesmo é comungar o desejo do caminhão, a esperança, e é muito grave se a mãe desvaloriza seu desejo. É necessário sempre justificar o desejo de uma criança, sempre. "Não é possível realizar esse desejo, mas você tem razão em desejar."

Desde que o mundo é mundo, há idiotas que desejam a lua, mas se não tivesse havido idiotas que desejassem a lua, nunca teríamos ido até lá[19]. Alguns desses pagaram muito caro, às vezes com uma descendência esquizofrênica, o fato de serem sábios, de terem um desejo em prol da sociedade, como é o caso de Pierre de Coubertin[20].

Esse homem compreendera que era imperativo para a sociedade urbanizada criar estádios onde as pessoas que trabalhavam na cidade pudessem ter a válvula de escape da prática de esportes aos domingos. Ele quis criar estádios e propor o tipo esportivo como Eu Ideal. É interessante observar as fotos dessa época. Falava-se daqueles atletas que afinal serviram de Eu Ideal para as crianças se desenvolverem. Com isso se conseguiu "mobilizar" a raça, porque nas cidades as pessoas não se moviam mais, não se mexiam mais. E o esporte foi uma coisa revolucionária!

Mas a família de Pierre de Coubertin sentia vergonha; as pessoas zombavam tanto dele com a sua mania de estimular o esporte que todos lhe viravam as costas. Ele era completamente louco! Os filhos tinham vergonha do pai e a mulher envergonhava-se do marido. "Ele gasta dinheiro com isso!" Sua vida, porém, seria consagrada a reabilitar o esporte na educação dos franceses. Sem contar a paixão com que se dedicou a relançar os Jogos Olímpicos nos países da Europa. Ele se arruinou e foi mal compreendido.

Paga-se muito caro por estar animado por uma paixão que não é consensual mas que pode trazer benefícios à sociedade. Há seres assim, animados por um desejo que vale para todos os outros, e não só para satisfazer de modo umbilical o próprio desejo. Não se trata de um prazer masturbatório. Mas, apesar disso, zombam de suas ideias, muitas vezes sofrem condenações (Galileu), mas é realmente para os outros que eles veem mais longe...

Os desejos distinguem-se das necessidades pelo fato de que podem ser falados e satisfeitos de forma imaginária. As necessidades são indispensáveis para a sobrevivência, a saúde ou o corpo. Não me refiro apenas às necessidades de consumo: comer é a necessidade de pegar; mas há também a necessidade de fazer, isto é, de se livrar da urina ou das fezes, ou ainda da sujeira quando a pessoa se lava. As crianças percebem isso muito bem e, se não são obrigadas a se lavar, elas se mantêm sempre limpas, desde que se lhes tenha dado o exemplo desde pequenas. Muitas crianças têm um pouco de medo da água fria mas, quando veem o prazer de estar limpo dos adultos à sua volta, querem fazer o mesmo, porque isso é normal na criança: tudo o que a promova a seus próprios olhos e que agrade da mesma forma como aquelas pessoas a agradam vem por si só. Enquanto os "Mostre a boca, mostre-me aquilo" ou quando a gente vê todas essas mães que se lambem para limpar as manchas do rosto dos filhos. Isso é uma coisa horrorosa. Como essas pessoas não sabem deixar as outras em paz, e vão apertar os cravos no rosto do vizinho!

É uma neurose que data da infância. É proibido se divertir e se sujar. Quando, na verdade, basta tomar um banho à noite, ao voltar para casa. É inútil ficar gritando o tempo todo: "Ah, veja o que você fez! Oh, isso é jeito de se pentear! etc.". É pavoroso. Como se fosse a aparência que fizesse um ser humano! É o seu viver vivo que é importante, é a alegria de viver, de se comunicar que devemos valorizar em nossas crianças, e não a aparência.

Do contrário, trata-se do desejo da mãe de ter um filho "boneco", sempre impecável, como se tivesse saído de uma caixa, em vez de ter uma criança viva. Pois bem, satisfazer o desejo de uma tal mãe é pernicioso para a criança. É preciso ensinar nossas crianças a ter coragem de "desmamar" a mãe, de não satisfazer o desejo de seus pais em relação a coisas sem nenhum valor moral.

Vou lhes dar um exemplo.

Vocês já ouviram falar da *Maison Verte*, onde recebemos crianças bem pequenas[21]. Agora que entendemos melhor o problema, não dizemos mais às mães, de maneira alguma, que não levem seus filhos à sua cama. As crianças talentosas e precoces começam a querer ir para a cama dos pais por volta do décimo quarto mês de vida; as menos precoces, por volta do décimo oitavo mês. Elas têm vontade de voltar à vida fetal durante o sono, entre papai-mamãe, para não sentirem a solidão de um ser que se sabe indo-advindo menino ou indo-advindo menina, e que pede para ser completado por um outro. Como dormir sozinho na cama, privado da presença da mamãe e do papai, sendo que os dois estão juntos... e por que eu não posso ficar com eles também?

Pois bem, agora nunca mais dizemos aos pais que reclamam disso que não aceitem a criança na sua cama. Porque é com a criança que é preciso falar: "Escuta, até quando você vai deixar sua mãe acreditar que você pode ser seu bebê, sendo que talvez ela tenha vontade de ter um outro bebê, mas eles não têm dinheiro suficiente para que seu pai concorde em lhe dar o que é preciso para fazer um?". Então, a criança reflete, e a mãe diz:

– Você acha que ela pode compreender?

– Mas claro: ela sente que você tem necessidade de uma criança e tenta satisfazer você, fazendo ao mesmo tempo o papel de adulto e de bebê.

Atualmente, isso é um grande sofrimento inconsciente das mulheres – às vezes consciente, mas em geral inconsciente –, essa necessidade de filho. Seu corpo tem necessidade de uma criança e às vezes elas também têm desejo de filho. Pois bem, quando as crianças chegam aos catorze, quinze, dezoito meses, é o ritmo em que, se não houvesse meios anticoncepcionais, as mulheres teriam um outro bebê; mas as dificuldades impostas pela realidade se opõem a esse desejo ou a essa necessidade.

Outrora, quando havia uma grande mortalidade infantil, de oito crianças restavam vivas três ou quatro, às vezes muito menos que isso. Muitos pais dizem: "Nós seríamos seis, se minha mãe não tivesse perdido cinco. Eu sou o único vivo". Havia uma mortalidade infantil extraordinária no campo, e mesmo nas cidades, no começo do século, e até por volta de 1930. A mortalidade infantil só caiu com o surgimento dos preceitos de higiene, das vacinas e dos antibióticos – e isso desde o nascimento. Muitas mulheres morriam de parto. Atualmente isso raramente acontece. E também elas têm muito menos medo. Seus corpos têm menos medo, e elas também. Muitas mulheres, se pudessem, teriam muito mais filhos do que têm e suas crianças sentem isso. Essa mulher tem necessidade de um bebê e também de seu homem.

E a criança, que ainda não sabe o que é, se é menina ou menino – é justamente no momento em que vai saber que ela deseja voltar à cama dos pais para fugir do que está prestes a saber, para negar o que chamamos de castração primária[22], isto é, que se é de um só sexo e não se pode desenvolver para se tornar a menina como o pai e o menino como a mãe, mas é preciso ir em frente, ir realmente na direção de se identificar com o adulto do mesmo sexo que aquele que é aparente no corpo, nos genitais.

O que é aparente no corpo é muito importante, porque vocês sabem que existem síndromes em que, embora o corpo aparente seja feminino, os ovários não são na verdade ovários, mas testículos. Pois bem, é o corpo aparente que estrutura a personalidade. São síndromes muito raras do ponto de vista biológico, e é o corpo aparente que faz que a criança se estruture à imagem dos adultos, que a seus olhos têm muito valor, que têm, aparentemente, um corpo com que o seu se assemelha. Uma criança quer se identificar com o adulto porque este a representa na sua idade adulta. Não é o adulto que ela imita; ela corre atrás de uma imagem acabada de si mesma, sob a forma daquele modelo e, felizmente, muda de modelo ao longo da vida, mas no começo são os pais.

Assim, a resposta ao problema da criança em relação ao desejo é dizer-lhe: "Não, você não pode realizar um desejo de adulto em relação a seus pais, porque sua mãe tem seu homem, e seu pai tem sua mulher".

– Mas eu queria ser mulher dele.
– Você não pode porque é filha dele.
– Então eu quero que ela seja minha mulher, ela é sua mulher.
– Você não o pode. Duas mulheres não se casam mesmo que se amem (se se trata de uma menina). Você não o pode porque ela é sua mãe, minha mulher.
– E por que, já que você está com ela?
"Porque eu não me casei com minha própria mãe", deve dizer o pai.

As crianças ficam sem entender nada se o pai chama a mulher – a mãe, em casa – de "mamãe" e se a mãe chama seu esposo – o pai – de "papai". "Por que não tenho direito de ficar com o papai, já que você fica?"

É preciso realmente pôr os pingos nos is com esses pobres inocentes e, desde o nascimento, dizer-lhes: "sua mãe, seu pai". Ora, em vez de lhes dizer "Dê à sua mamãe, ao seu papai", diz-se: "Dê à mamãe." O que significa que o pai é o filho mais velho da casa. Como a linguagem dá margem a dúvidas, é preciso, pelo menos, que se lhes explique: "Sim, é uma maneira de dizer, mas ela é sua mãe, não minha. A minha é a vovó. E eu não casei com a vovó".

Ah, é assim?! De súbito, a revelação, para a criança, da interdição cultural do incesto.

A castração se dá pela precisão do vocabulário que exprime o parentesco. Também na escola maternal e primária esse vocabulário deveria ser explicitado, juntamente com os deveres e direitos que estão implícitos no lugar que se ocupa nas relações de parentesco.

Assim, diremos a uma menininha: "Até quando você vai querer fazer sua mãe pensar que você pode fingir que é seu bebê e ao mesmo tempo marido dela? Você é uma menina, não será jamais o marido de sua mãe!".

Se ela diz: "Mas é por causa do papai que quero ir para a cama deles".

– Você nunca será mulher de seu pai.

– Sim, sim, vou ser a mulher de meu pai.

A criança de dezenove meses diz isso com veemência.

– Bom, bom, vamos falar disso, e o que é que sua mamãe diz disso?

– Eu acho isso engraçado e bonitinho, eu também queria me casar com meu pai – responde a mãe que ouve essa conversa.

Continuem a bestificar a todos e aceitem sua criança na cama até que ela os incomode. Isso não é bom, nem ruim. Só constitui um atraso para os três.

Em seguida, novo encontro com a mãe: "Sabe, não sei o que a senhora lhe disse (a conversa se deu diante dela, mas ela não se lembra; ela achava muito engraçado que se falasse com sua criança, quando ela estava reclamando que a criança os incomodava todas as noites), agora, ele (ou ela) não quer vir mais para minha cama, mesmo quando meu marido sai cedo de casa; seria muito gostoso nos acarinhar, mas não é mais possível".

O fato é que, quando se diz alguma coisa à criança que se orienta no sentido do seu desejo – e de seu desejo marcado por uma interdição que lhe propicia o crescimento –, a criança sempre o entende. As interdições estruturam na criança o valor de seu desejo, desejo de ir mais longe que essa satisfação imediata que ela buscava: "Compre-me alguma coisa, me dê uma bala, me leve para sua cama etc.".

A verdadeira satisfação é falar dessas coisas e esperar o dia especial, o Natal, o aniversário – é algo assim que se pode dizer a uma criança maior.

– Ah, mas vou ter que esperar muito!...
– Vai, sim; vamos dar uma olhada no calendário. Está vendo, ainda vai passar Santo Antônio, São João, São Pedro... – E nos pomos a falar de todos os santos e a criança se esquece de que vai demorar muito para ganhar o caminhão ou para ter direito a um afago de bebê.

O que se precisa fazer em relação à criança é conversar com ela sobre o seu desejo e, nessa oportunidade, abrir o mundo em palavras, um mundo de representação, um mundo de linguagem, de vocabulário, um mundo de promessas de prazeres. Uma vez que consegue sua bala, ela não pode mais falar, ela dá sossego, como se costuma dizer. De resto, todos vivemos isso quando éramos pequenos: quando uma senhora muito chata vinha visitar nossos pais, traziam-se para ela caramelos porque se sabia que isso a fazia calar. É isso que os pais fazem quando os filhos os cansam com perguntas, com pedidos. A chupeta ao bebê, a bala à criança, para que ela não fale, não observe nada, para que fique centrada em seu tubo digestivo, e nada mais. É assim que se coloca o desejo no nível da necessidade, porque assim se consegue satisfazê-lo. Porque, do contrário, ficar-se-ia angustiado. Resultado: essa criança é obrigada a buscar mais e mais satisfazer um desejo, de forma estapafúrdia e carente de linguagem, sem entrar na cultura, que é a linguagem, que é a representação ou a fabricação daquilo que não se tem.

Podem notar: quando uma criança quer um brinquedo que não tem, ela inventa qualquer coisa. Um pedaço de qualquer coisa é um avião, mas se lhe dão um avião de verdade ele se quebra depressa, ela não consegue inventar mais nada e é preciso comprar outro.

A criatividade, a inventividade, aí está o desejo, não é a satisfação na própria coisa; é a evolução cultural desse desejo na linguagem, na representação, na inventividade, na criação.

Por aí vocês estão vendo que sou a favor da dança se isso convém à criança e a favor da música, se ela agrada à criança. Seria muito diferente se se tratasse apenas de um desejo da mãe. Porque muitas vezes uma mãe, ou um pai, quer dar a seu filho o que ele gostaria de ter tido mas não teve. É muito bom que se dê à criança uma oportunidade de conhecer esse prazer se, de fato, ela sente afinidade por essa disciplina cultural. Mas é importante que a criança não seja forçada a continuar se se nota que aquilo para ela é um sacrifício. Que o próprio adulto o faça! Nunca é tarde para começar a praticar uma arte – se não a dança clássica, pelo menos a expressão corporal.

Eu conheço uma mulher que começou a tocar piano aos quarenta e oito anos de idade. Agora ela é uma boa executante, que toca pelo prazer de tocar. Ela começou a aprender depois de me ter dito um dia que o piano de seu filho só trazia lágrimas e castigos. Era ela que queria tocar piano!

Ela tinha vindo me consultar e eu lhe disse: "Talvez você coloque seu filho para estudar piano porque você tinha vontade de tocar piano, não é?".

– Ah, sim, eu queria tanto!

– Ainda é tempo de fazer isso, e você não deve aborrecer seu filho para que ele satisfaça seu desejo.

Ela refletiu. E foi uma grande alegria. Aliás, esse caso é interessante porque essa criança, hoje já um rapaz, gosta de música – como musicólogo – e sua mãe veio a ser pianista, embora tarde. Além do mais, ela trabalha. É uma alegria que se revelou a ela depois dos quarenta e oito anos, pois nunca tinha tocado piano em sua vida, e queria que seu filho tocasse piano.

Em relação à dança é a mesma coisa: as pessoas querem satisfazer através dos filhos o que, para elas, é um desejo frustrado. Pode ser. Por que não? Mas deve-se ter o cuidado de não insistir.

PERGUNTA: *A senhora poderia retomar o tema da fuga pela ausência, ou a ignorância em crianças cuja concepção só foi conhecida pela mãe a certa altura da vida fetal? Pois esse é o caso de minha filha mais velha.*

F.D.: Espero que a pessoa que me faz essa pergunta não se negue a me dar mais informações sobre o caso. O que eu gostaria de saber é o seguinte: a criança já tem esses momentos de ausência, de não comunicação, de que já falei, ou não apresenta nenhum sinal disso? Você teme, por causa do que falei, que isso venha a se manifestar algum dia, ou o problema já se manifestou?

RESPOSTA: *Pelo visto, não.*

F.D.: Se ela não manifesta nenhum distúrbio, não se preocupe com o que poderia vir a acontecer. Se um dia, porém, você a vir desse jeito, pode lhe dizer: "Talvez você se refugie em você mesma para não ser vista por ninguém, como aconteceu no começo de sua vida fetal, em que eu nem desconfiava que você existia". Dizê-lo dessa maneira, mas não antes de a criança manifestar alguma coisa que lhe sugira que isso talvez seja a causa do seu retorno a uma autenticidade própria, que precisa desse retorno a si mesma esquivando-se ao saber do outro, em relação ao que ela pensa, ao que ela é.

PERGUNTA: *Poderia explicar melhor: "A criança não sabe que é criança, ela não sabe quem é"? Isso é negativo para o desenvolvimento futuro da criança?*

F.D.: Não, todo mundo é assim. Isso não é negativo, ao contrário, é muito positivo. O sujeito que quis nascer encontra-se em um corpo que se desenvolve fisiologicamente, que é marcado pelo tempo. Quanto ao próprio sujeito, ele não se situa no tempo. A linguagem não se situa no tempo. Prova disso é que Sócrates ainda é atual pelo que se escreveu sobre ele. A mensagem de Sócrates não morreu, ela continua a dar frutos em seu encontro com as pessoas de hoje que leem Platão. Quando digo Sócrates, é para citar um nome; porque me refiro a todas as pessoas que deram alguma contribuição à humanidade, e que continuam a dar, mesmo tendo morrido há centenas e milhares de anos.

E ainda hoje, quando encontramos, na arqueologia, objetos estéticos magníficos, que emocionam por sua beleza, é um autor, um ser humano como nós, de tantos milhares de anos atrás, que nos traz seu testemunho através dessa linguagem plástica, essa linguagem artística que nos toca, que nos fecunda, nos insemina para produzirmos outras belas obras a partir daquela.

Quando há uma exposição como aquela sobre a arte etrusca, isso marca as pessoas de temperamento artístico; as crianças que veem a exposição ficam marcadas, ainda que de forma inconsciente. Quando, mais tarde, elas forem criar, produzirão obras marcadas pela cultura etrusca. Tudo o que é vivo e ainda vivo na linguagem continua a viver sempre porque é uma linguagem de sujeito, e não de um indivíduo num corpo; é verdade que aquilo foi mediatizado por alguém, pela mediação de um corpo, em um dado momento da existência humana, mas o sujeito criativo é atual, ainda e sempre, através de uma sutil mediação que é a obra. E toda obra é linguagem de amor e de desejo.

O artista se serviu de um material – terra, metal, tecido, pedra preciosa etc. –, mas não é isso que nos toca; o objeto está lá, em sua tatilidade, em sua sensorialidade, mas o que nos emociona é algo inefável, de que apenas podemos falar, que é o estético. É a criação de um objeto único, que não se repete, mas que enriquece e fecunda, psicologicamente e artisticamente, um ser humano de sua e de outra época, mesmo depois do desaparecimento de todos os contemporâneos do artista que o criou. Uma obra de arte é isto.

Por isso que é difícil, nesta época em que vivemos, saber qual a obra de arte que sobreviverá à nossa época, porque existem obras de arte que nos são necessárias enquanto vivemos, mas que mais tarde ficarão totalmente ultrapassadas. Para nós, era uma linguagem que nos comunicava algo, mas que não era tocada por uma grande espiritualidade, por uma estética autêntica, nem era portadora de uma mensagem, se não imortal, pelo menos capaz de avançar através dos séculos antes de encontrar eco em alguém, de "encontrar um outro". É isso que é simbólico. É o que eu esperava para receber a centelha da fruição estética que, para aquele que a experimenta, é fonte de alegria viva.

Vocês sabem como se despertam certas vocações. A princípio – e isso não quer dizer que a vocação vai continuar tal e qual – é porque se viu determinado filme, porque se foi assistir a uma palestra de alguém, porque se visitou uma exposição. Conheço pessoas que, num momento de extrema sensibilidade, tiveram a revelação de sua vocação, aos onze anos, nove anos, doze anos. Como é o caso de uma menina que, quando tinha doze anos, foi a uma conferência sobre o México (talvez porque houvesse "*mec*"*, quem sabe?). México: formidável! Essa criança, que até então não tinha nenhum entusiasmo pela escola, se transformou. Seus estudos se desenvolveram de forma fantástica e ela veio a estudar etnologia. Essa pessoa, que é uma conhecida minha, primeiro estudou etnologia, depois sociologia, depois ainda outra coisa, mas foi aquele entusiasmo inicial que despertou o de-

---

* Em francês, *un mec* é "um cara". Foi aí feito um jogo de palavras com a pronúncia de Méxique [*Mecsic*] (México, em francês). (N. E.)

sejo de trabalhar; e tudo isso derivou da mensagem de alguém, uma fraternidade de seres que se reconheceram: ela, uma das crianças que assistiam à palestra, e o etnólogo que falava de sua viagem ao México, com imagens, fotos, filmes. A revelação do sentido da vida!

Pois bem, o desejo é isso que encontra um meio de se satisfazer através do grande trabalho que a partir daí se fará, fascinado pela satisfação desse desejo. Mas não se trata de um desejo corpo a corpo, como no sentido de um "Satisfaça-se e cale, e guarde isso para si mesmo". Não, aquilo abre um horizonte, é necessário um longo circuito[23] de trabalho para satisfazer esse desejo. É essa a nossa função de educadores: satisfazer a necessidade, porque senão se morreria, e falar de desejo para que o próprio sujeito busque uma forma de satisfazê-lo; ele sozinho, não para satisfazer a nós, seus pais ou seus educadores, mas porque se sente talhado para aquilo que lhe foi revelado por um exemplo de alguém radiante de alegria por ter encontrado um sentido no próprio trabalho.

É o que posso lhes explicar. Mas nada é negativo. Pode-se dizer o seguinte: ou as coisas não tocam a criança, ou lhes dão um "estalo". É quando acontece o estalo que se pode falar com a criança a partir do que ela diz. Ela faz uma pergunta. Ela não ouve a resposta? Não insista, espere que ela faça outra pergunta.

Por exemplo, a criança tem necessidade de saber que tem um pai, mesmo que a mãe seja solteira; isso é uma necessidade absoluta. Sem isso, ela cresce de forma simbolicamente hemiplégica, como se manifestará depois. Se não em sua própria vida, na vida de sua descendência. É uma coisa que a psicanálise descobriu. E não existe nada mais fácil que explicar a uma criança que ela teve um genitor, um "pai de nascimento", como todo o mundo, mas que ela não o conhece. Que atualmente ela não tem um papai, ou que já teve outros papais, mas que eles não são o seu pai de nascimento. Nada mais fácil que explicar isso. E dentro de oito dias ver-se-á a transformação em sua relação com a mãe, que lhe disse a verdade. Aquilo que ouviu é a verdade.

A criança lhe pergunta então: "E você o conhece, você o conheceu?".

– Claro que conheci.
– E por que vocês não se encontram mais?
– Porque não nos entendemos mais.
– Você se arrepende? (Isto é: de tê-lo conhecido).

Se a mãe diz "sim", é ruim; isso significa que a criança não tinha o direito de ter nascido. Mas é muito diferente se ela responde: "de jeito nenhum, não me arrependo de forma alguma, porque você existe e eu amo você...". Ou então uma pessoa próxima da mãe, uma conhecida, pode ajudar dizendo: "Sua mãe disse a você que se arrepende mas não é verdade, porque ela ama você. Se ela não tivesse conhecido seu pai, de quem depois se distanciou, ela não teria tido você. Portanto, não se preocupe, o que ela disse a você não é verdade...". Então vocês vão ver como a criança se transforma pelo fato de ter tido o direito de ter o pai que teve e de ter entrado no circuito da vida no momento da união sexual. As crianças sabem muito bem exprimir isso: "Sabe como as mães são. Agora que já sei, ela pode dizer o que quiser...".

Depois disso, elas se sentem seguras porque alguém lhes disse a verdade que sua mãe lhes escondia ou que, por uma questão de temperamento, disfarçava: "Ele era um canalha! Não quero que ela conheça o pai, ele abandonou a nós duas". E, bem examinadas as coisas, é claro que a mãe tinha motivos para temer que esse homem, como ela diz, iria "abandoná-las". Mas, feliz por ter uma criança, ficou com ela. E se a mãe não estivesse contente de ficar com a criança, sendo que o homem queria a guarda da filha, por que ficou com ela? Trata-se de coisas muito importantes, porque ela pode dizer à criança: "No dia em que quiser encontrar seu pai, não vai ser impossível, mas eu não vou ajudá-la. Eu sofri muito quando ele me deixou por outra; mas você pode muito bem dar um jeito de encontrá-lo; é assunto seu".

Assim, vemos crianças que deslancham porque seu desejo não foi negado, foi justificado: "Eu não vou ajudá-la, mas também não sou contra, você que se vire; posso até lhe dar o último endereço que eu tinha, ou o nome da cidade onde o conheci, lá onde mora sua avó paterna..." etc.

Trata-se de ajudar a criança a satisfazer suas necessidades, e quanto à satisfação de seus desejos, não ajudá-la, mas lhe dar autonomia. Não satisfazer seus desejos mas lhe falar de seus desejos, que sempre são justificáveis, mesmo que não se deseje ajudá-la, ou se não se tem condições para dar o que ela pede. Se ela quiser uma bicicleta, uma mobilete e não se tem dinheiro para comprar uma, ou se a mãe tem muito medo de lhe dar (na idade em que a lei permite), ela pode lhe dizer: "Tenho muito medo de que você sofra um acidente, não quero comprar uma mobilete para você; mas pela lei você já pode, vire-se; se conseguir dinheiro, por meios legítimos, não tenho o direito de interferir". E é tudo.

Apoiar a criança para que ela consiga sua autonomia (falo de uma criança maior): satisfazer suas necessidades, mas não todos os seus desejos, porque os pais também têm o direito, e mesmo o dever, de expressar os próprios desejos.

PERGUNTA: *O que se deve dizer a uma criança cuja mãe ou parente muito próximo se suicidou?*

F.D.: Ora, dizer-lhe a verdade logo, imediatamente, no mesmo momento em que todos tomam conhecimento dela e se abalam. Do contrário, se você não diz o que está havendo, você a trata como a um animal doméstico. É preciso dizer-lhe:
– Ele morreu.
– Mas como?

— Isso se chama suicídio.
— E o que isso quer dizer?
— Bem, sinto muito, não consigo lhe dizer, pergunte a quem você quiser, olhe no dicionário.
Dizer a verdade. E depois: "Por que ele se matou?".
Diante de tal drama, deve-se falar. Não existe idade certa para dizer. Pode-se falar aos oito dias, aos quinze dias, não há um tempo certo. E é preciso que essa desgraça seja dita, tal como os responsáveis pela criança a sofrem. É agindo assim que podemos ajudá-la mais. E depois: "Para mim, é muito doloroso falar disso; fale com outras pessoas; você tem toda razão em buscar se informar, mas para mim é muito difícil, não consigo falar sobre isso", por exemplo. Mas justificar o desejo da criança, e abrir a possibilidade para que ela possa esclarecer as suas dúvidas com outra pessoa, em vez de esconder-lhe a verdade. Não há nada a esconder num suicídio, é uma desgraça. Não vejo por que haveria necessidade de escondê-lo.

O que dizer diante deles? Dizer o que pode ser dito, só isso. Aliás, não se sabe bem por que as pessoas hesitam.

Vi muitos casos de crianças que, a partir de certo momento, passavam a ficar caladas na classe, e quando nas entrevistas preliminares com os pais se recuava no tempo – antes de começar a tratar de uma criança, essas entrevistas preliminares são muito importantes –, se conseguia finalmente chegar à origem do distúrbio afetivo. "Foi no período de férias, quando a avó (materna ou paterna) morreu. Não lhe contamos, sabe, para não estragar suas férias." Os pais voltaram, com os rostos denotando tristeza, mas sem dizer nada às crianças! E isso, tratando-se de crianças que viam a avó a cada oito dias, no domingo! Chegando a Paris, a criança pergunta: "Vamos ver a vovó?".

— Bem, não... a vovó está no hospital.
— Ah, é?

E depois, ela sempre está no hospital. O Natal se aproxima. "Vamos convidar a vovó?"
– Ah, não, ela está muito cansada (ou: ela está viajando).
– Mas posso ligar para ela?
– Não, ela poderia se cansar.
E a coisa vai se arrastando assim, pouco a pouco se abre um fosso, e a criança se deprime.

Quantas vezes vi isso! E não apenas em relação à avó, ou a uma história grave como essa que aconteceu na família. Mas também em relação a um colega que morre, e não querem contar à criança. Dizem-lhe: "Ele não voltou às aulas, mudou de escola", sendo que era seu melhor amigo e morreu num acidente durante as férias. E essas crianças começam lentamente a perder a vitalidade porque não dispõem das palavras para dizer onde está sua tristeza. Há nelas algo intenso que é desvitalizado. É preciso, pois, contar-lhes a verdade imediatamente.

Mesmo um suicídio, isso pode ser algo de muito positivo numa família; um suicídio não é necessariamente uma coisa negativa. Não se sabe. Não sabemos o que se passava com a pessoa que morreu; não sabemos nem se se tratou de um ato de heroísmo de sua parte, para salvar seus filhos, no caso de um pai, ou de uma mãe que não foi entendida no que teria tido para dizer. Podemos lamentar o fato, mas não escondê-lo da criança.

As crianças devem participar dos ritos do luto, mesmo sendo bem pequenas, de colo; trata-se de integrar esse ser humano aos acontecimentos que comovem sua família. Essa inscrição vai permanecer em suas percepções óticas (talvez não conscientemente, mas inconscientemente), pelo fato de ter sido integrada à família como ser humano. Porque o sujeito não tem idade, ele é, desde sempre, tão adulto quanto com vinte anos... Não há idade. É por isso que a criança não sabe que é criança, pois é desejante, e o sujeito desejante não sabe qual é sua idade. De resto, todos nós sabemos disso. Quando desejamos alguma coisa e as pessoas nos dizem: "Na sua idade!". Quer dizer que isso não é coisa para gente de nossa idade? Ora, que se dane!

Para a criança, é a mesma coisa: ela tem a idade de seu desejo e nem sempre o conhecemos. Ela pode exprimir o seu desejo e, na medida em que o faz e ele é realizável socialmente, deve-se dizer-lhe, por exemplo: "Trabalhe para realizá-lo, não me oponho; não o ajudarei porque não estou de acordo com ele, mas você tem razão, por que não? Vá em frente".

Isso é que é importante.

PERGUNTA: *Que lugar ocupa o desejo do adulto no lugar de vida em que há crianças: creches e outras instituições?*

F.D.: Isso depende de cada adulto. Não sei.

PERGUNTA: *Ele pode existir?*

F.D.: Se o adulto existisse sem desejo, seria um morto-vivo.

PERGUNTA: *As crianças podem ser protegidas desse desejo?*

F.D.: Você deve estar querendo falar de um desejo sexual do adulto pela criança, não é?

Ora, com efeito, é um mau sinal, quando se trabalha com crianças, encará-las como seu bordelzinho. É melhor trabalhar em outra coisa, porque isso seria desviar a criança de seu devir. É perverter um destino.

Nós lidamos com isso nesses lugares de vida: as crianças, com efeito, sabem muito bem como despertar o desejo no adulto; é só isso que elas fazem, só nisso que pensam. Mas o adulto que percebe que vai se servir de uma criança para satisfazer um desejo sabe que isso não pode acontecer em seu trabalho. É uma falta profissional. Que ele se vire como possa com esse seu desejo fora da lei, e onde possa, mas não no seu trabalho, com crianças cujos pais lhe confiaram a guarda para que, desde cedo, advenham ao seu desejo em sua própria faixa etária, preparando-os assim para se tornarem adultos. Desejar sexualmente, genitalmente, uma criança ainda não madura genitalmente, é um abuso de poder, uma vez que dificilmente a criança pode se furtar a isso, e é uma coisa muito nociva.

Sei que nem sempre é catastrófico, e vi casos de jovens – portanto mais tarde – que foram salvos da delinquência por homossexuais (homens ou mulheres) que foram muito paternais ou maternais com eles, ajudando no seu desenvolvimento. Eram crianças de certa forma abandonadas, mas já maduras do ponto de vista fisiológico, e que, em outra época que não a nossa, teriam direito a relações genitais. Depois da nubilidade, é muito diferente. Mas, quando se trata de crianças, é muito prejudicial que pais ou adultos educadores tenham desejos e os satisfaçam para um deleite sexual tirando proveito de uma criança. Por exemplo, bater em suas nádegas por prazer ou dar umas palmadas pelo gosto de o fazer, é a mesma coisa, é sexual. Não é genital, mas é sexual ter prazer nisso. Da mesma forma, carícias que lhes dão sensações sexuais ou genitais, os adultos devem absolutamente evitá-las no trabalho, ou então que mudem de trabalho. Supondo que sua pergunta era sobre esse tipo de problema.

PERGUNTA: *Como o adulto pode trabalhar num lugar de vida sem que esse desejo possa se exprimir?*

F.D.: Mas o desejo de que as crianças se tornem boas pessoas é um desejo genital sublimado no adulto. O desejo dos adultos educadores é esse: libertar a criança dos entraves que a impedem de fazer sua própria vida. Tal é o desejo do educador, mas não se trata de um desejo genital, no sentido carnal, ou de desfrutar um prazer físico, uma satisfação cutânea, um desejo de abraçá-lo o dia todo; não. Quando alguém se dedica à educação das crianças não deve se entregar a contatos corporais, e se uma criança quer abraçar a pessoa que a educa, essa pessoa deve dizer: "Sim, eu gosto muito de você", mas não retribuir o abraço.

É muito importante essa reserva nas satisfações corpo a corpo. Com a criança, tudo deve ser dito por meio de palavras para que o agir seja educativo. O resto é uma fraqueza momentânea. Por regressão, dá-se um beijo de babá em uma criança de quem se recebeu um beijo dizendo: "Como a gente se gosta!". Bem. Mas é preciso evitar que isso continue, do contrário a criança regredirá. Ela saberá muito bem como tocar no ponto fraco, fazer-se a preferida, achar desculpas para deixar de fazer o que tem que fazer, isto é, cumprir as tarefas destinadas a mantê-la num desenvolvimento contínuo, num esforço para desenvolver-se, autodeterminar-se e para tomar suas próprias iniciativas. Ela vem se refugiar junto a alguém que deve, pela palavra, ajudá-la a se reencontrar e a encontrar nisso o seu prazer. Mas não para dar prazer ao educador: para o prazer da própria criança, em relação à sua história, ao seu passado.

Por exemplo, a uma criança que conquistou uma vitória, dizer: "Quem você quer que se orgulhe de sua vitória?".

– Ora, ela é para você, para você.

– Não, não é para mim. Sou a professora de todo o mundo. Se tentar me dar prazer, vai estragar sua vida, meu pequeno, porque nada poderei fazer por você. Você deve procurar agradar a outros que não eu. Isto aqui é o meu trabalho, sou paga para isso, não preciso que me deem prazer. Trate de fazer isso para outra pessoa.

É dessa maneira que a professora pode ajudar um aluno que busca todo o tempo agradá-la, ser como um filho para

ela. Pois bem, não é isso. Nosso papel é dizer com palavras: "É à sua mãe que isso pode dar prazer".
– Ah, minha mãe, ela está pouco ligando.
– Procure outra mulher que não seja indiferente, mas não eu.

No momento em que fala com ela, a professora mostra-se contente, sorri; pode-se dizer isso com humor: "Você sabe muito bem que nós dois não vamos casar! Não queira me agradar. Eu tenho meu marido. Você não o conhece, mas meu marido (meu noivo) é uma pessoa simpática".
– Como ele é?
– É uma pessoa muito simpática.

As meninas dizem: "Ah, ela tem um marido muito simpático!". De uma vez por todas, você apaga a chama homossexual que começava na menina. Ela diz para si mesma: "Ih, não poderei ser sua queridinha porque ela tem alguém melhor que eu".

É assim que se ajudam as crianças: demonstrando ter reconhecido seu desejo não rindo dele, justificando-o às vezes, furtando-se a ele ao mesmo tempo, mas, nesse caso, explicando a razão. A razão: porque se está sem dinheiro e não compramos um brinquedo; porque não há necessidade daquilo, porque ela já tem tudo de que precisa etc. ou: "porque sou eu que tenho que arcar com as despesas". Mas é preciso justificar esse desejo que não é satisfeito. Falar dele.

PERGUNTA: *Apenas com palavras os pais podem delimitar domínios reservados, em que as crianças jamais ousarão penetrar?*

F.D.: Não sei o que você quer dizer com isso. É preciso explicar melhor. Se o quarto de dormir dos pais deve ser sagrado? É difícil. O quarto dos pais é o lugar em que, assim que eles derem as costas, as crianças vão entrar para pular na cama.

Uma área reservada é algo que ninguém pode violar, é o sentimento que dedicam um ao outro, mas não são coisas que podem ser ditas. Não se pode dizer abertamente o amor que se tem por um ser. E esse é um domínio reservado, que ninguém jamais poderá violar. É uma coisa tão íntima que ninguém vê; é algo verdadeiro. Não sei o que é um domínio reservado... A gaveta do criado-mudo onde se guardam as camisinhas? Podem ter certeza de que as crianças já as descobriram. E elas reagem assim: "Que é isso?".

– Escuta, é meio difícil dizer. Quando você for grande, eu explico.

– Ah, mas isso deve servir para proteger os dedos!

Falam isso contentes, não se trata de um segredo. E depois, chega um dia em que lhe explicam: o pai decide iniciar o filho nos atos que cabem ao homem numa relação sexual. "Ah, bom, é formidável, mas não é muito agradável ser uma pessoa adulta; cada vez que elas querem fazer amor, têm que ter cuidado para não terem um filho; não tem a menor graça" etc.

Não vejo, pois, o que se quer dizer com domínio reservado. As crianças adivinham tudo. Elas podem muito bem guardar segredos. Basta pedir a elas. Uma mulher tem um amante, que por acaso a criança viu. Não adianta inventar uma história para ela. Ela percebeu a comoção de sua mãe diante do outro, e faz perguntas: "Você viu que há alguém em minha vida, que não é seu pai; gostaria muito que você não lhe contasse. Não sei em que isso vai dar. Se eu tivesse certeza, já teria me separado de seu pai. Você vê... etc.".

Uma mulher me procurou para me dizer:

– Meu filho me surpreendeu, que é que vou fazer? E o que é que ele vai fazer?

– Bom, logo se verá. Que há de pior que quando seu marido souber? Isso talvez ajude a que vocês se divorciem.

Ou então a criança guardará para si, e amadurecerá dizendo para si mesma: "Puxa, minha mãe não tem só a mim na vida (pois ela sabia que as coisas não iam bem entre seu pai e sua mãe e que os pais ficavam juntos como um par de vasos, sem se amarem), e isso é da vida!". A criança entendeu e a partir daí é preciso levar isso em conta: explicar o conflito, não esconder a verdade que ela descobriu, mas, ao contrário, falar sobre o assunto.

O que é indizível, e não deixará nunca de ser indizível, é aquilo que é íntimo, e que é vivido numa esfera tão profunda que não se pode verbalizar. Se uma criança algum dia o percebe e o diz, você comenta: "Você é muito esperto, você percebeu". Não vejo o que há a esconder a partir do momento em que assumimos nossas atitudes e nossas contradições. Ser adulto é isso, não é ser perfeito.

PERGUNTA: *Uma palavra ouvida quando se é criança pode decidir toda uma vida? Pode nos dar exemplos?*

F.D.: Sim, contei-lhes a história do México. Há também o que os ciganos fazem quando querem formar novos músicos para substituir os mais velhos.

Descobri isso quando eu estava numa peregrinação a Santes-Maries-de-la-Mer, em casa de uma amiga que conhecia muitos ciganos. Conversamos muito, foi apaixonante. Ela me contou que entre os ciganos que fazem música no clã, no grupo, na tribo, não sei como eles chamam, quando o melhor músico de um instrumento sente que está envelhecendo, falam entre si: "É preciso que uma criança se prepare para assumir seu lugar"; e nas seis últimas semanas da gravidez de uma das gestantes, esse melhor músico vem tocar todos os dias para o feto, e depois ainda todos os dias nas primeiras semanas depois do nascimento; ele vem tocar seu instrumento todos os dias para o bebê, e o que ele toca melhor. E as coisas ficam nesse pé e todos têm certeza de que aquela criança, quando crescer, se dedicará àquele instrumento. Eles me contaram que é sempre assim que preparam a substituição. Antes do nascimento e nos primeiros tempos depois do nascimento. É aquele instrumento que ele vai se sentir inclinado a tocar quando estiver em idade de desejar se exprimir. É muito bonito. Sabe, a música é mais que uma palavra. É uma mensagem significativa de uma linguagem.

É certo que a linguagem ouvida quando se é muito jovem e que é dada com amor – porque isto é uma coisa dada com amor – leva um ser ao futuro. Mas é preciso um tempo de latência entre esse momento e sua realização. Trata-se verdadeiramente de uma semente na terra, que não se vê mais, até o momento em que germina. E não é uma coisa direta, do tipo: "Faça isto para me agradar... E vamos, faça as escalas!". Não, não é isto, de forma alguma. O desejo brota de dentro, e tem a necessidade imperiosa de se exprimir externamente. E é isso que devemos apoiar, ainda que não seja uma coisa fácil, e justificar, proporcionando os meios, se for possível. Isso pode ser difícil, mas: "Você tem coragem, você terá coragem; se quiser realmente, você o fará, você o conseguirá".

É este o nosso trabalho de educadores.

UM PARTICIPANTE: *Já faz um ano que um grupo de profissionais de áreas diversas – pediatras, psicólogos, psiquiatras, enfermeiras, puericultoras, parteiras, professoras primárias – se encontra para trocar impressões sobre a sua prática, porque todos sentiam necessidade de ampliar seus questionamentos. Há grupos de trabalho por toda parte, encontros que possibilitaram, por exemplo, que um grupo passasse a refletir sobre o que seria a parentalidade, e que se criasse um lugar de encontros em sua cidade.*

Outros grupos fazem reflexões sobre outros assuntos. E se as pessoas presentes se interessarem e quiserem participar desses grupos, eles ficariam muito contentes com isso.

F.D.: É importante, principalmente se vocês ficaram interessados hoje, que troquem suas experiências com outras pessoas, e, acho, pelo que você me disse hoje de manhã, que a coisa começou depois do congresso de Cannes sobre crianças de tenra idade[24]. É verdade que isso leva muitas pessoas a quererem trabalhar juntas. O próprio fato de formular em palavras a pergunta que nos colocamos já é um princípio de esclarecimento, e depois os outros também ajudarão a esclarecê-la.

RESPOSTA: *Nós queremos fazer desse lugar de parentalidade um lugar vivo para crianças pequenas, acompanhadas dos pais, ou de suas cuidadeiras* ou* baby-sitters, *ou avós, pessoas que cuidam delas diariamente. É um lugar onde profissionais se encontram, mas é o mais aberto possível, isto é, podem participar professoras, psicólogos, psicanalistas, psiquiatras, assistentes sociais, puericultoras, parteiras etc.*

Se quisermos criar um espaço de parentalidade, é necessário que possa se constituir uma equipe com esse objetivo.

Ela já começou a se constituir. Nosso problema é que há muito poucos homens, e nós só podemos funcionar com equipes mistas. Evidentemente, as mulheres interessadas podem se juntar a nós, mas faço um apelo todo especial aos homens.

Perguntam-me: por que um lugar de vida para crianças bem pequenas? (Quando digo bem pequenas, pode ser até antes do nascimento, talvez até antes da concepção! Pode-se frequentar um lugar de parentalidade antes de ter concebido uma criança; pode ser durante a gravidez; pode ser quando se sai da maternidade, ou até que a criança tenha três anos completos, isto é, quatro anos.) Porque até agora não existe

....

* No original *nourrice*: por se tratar, na França, de uma função com características diferentes das da nossa babá, traduzimos este termo por cuidadeira. (N. R. T.)

nenhuma instituição que lhes permita ter uma vida social precoce. E este é um lugar que permite a crianças de tenra idade ter uma vida social precoce, acompanhadas de sua família.

Até o presente momento, em tudo o que existe: haltes-garderies*, *creches, escolas maternais etc., as crianças pequenas sempre têm os seus laços parentais cortados, isto é, mesmo se não são os pais, são as outras pessoas que cuidam delas todos os dias. É um lugar de vida.*

F.D.: É um pouco à imagem do que criamos em Paris a partir de 1979, que se chama *Maison Verte*. É um lugar de vida absolutamente transitório. Tem o objetivo de preparar as crianças para a creche antes dos dois meses, prepará-las para o berçário, para que não seja para elas uma experiência que as torne insones (porque o efeito desses berçários é sempre o mesmo: insônias), mas que as prepare também para a escola, quando elas não tiveram vida social antes disso. Visa prepará-las para o convívio social longe de seus pais, sem angústia. Para isso, é preciso que a sociedade as tenha acolhido com seus pais em um espaço diferente.

Permitir que a mãe venha à creche nos primeiros dias é ruim, pelo fato de que ela não se ocupa das outras crianças. Ora, permite-se que uma criança venha com sua mãe. Da mesma forma, permite-se, nos berçários, que a mãe fique. É um prêmio para a histeria. Quando a criança não diz nada, diz-se à mãe que ela pode ir embora; à mãe da criança que chora, diz-se que pode ficar. São os caprichos da criança que ditam as normas, ou o voyeurismo da mãe desocupada no meio das profissionais em plena atividade.

* Creche que recebe, por pouco tempo e ocasionalmente, crianças de três meses a cinco anos. Para efeito de tradução, será utilizada a palavra berçário. (N. R. T.)

Esse lugar de parentalidade que vocês querem criar em sua cidade é uma coisa muito boa porque é diferente dos lugares que, para tornar a criança um indivíduo pertencente à sociedade, acolhem a criança separando-a dos pais.

O inconveniente, para as crianças colocadas na creche, é que elas têm duas personalidades. Na creche, o grupo "portador" composto pelas outras crianças serve de equivalente maternante e as mulheres que se ocupam delas servem de equivalente paternante, ao passo que quando vão à creche depois de ter passado por esse lugar de parentalidade, as crianças sabem quem são seus pais, sabem que eles não são substituíveis pelas pessoas que cuidam delas por profissão, pagas pelos seus pais.

Quando se fala diante de um bebê sem falar à sua pessoa, pouco a pouco ele vai parando de escutar. Há um caso exemplar disso: uma criança perdeu a mãe, ninguém lhe disse nada; então, quando se começa a tocar no assunto ela se afasta, ela sabe que não pode ouvir falar daquilo. Isso significa que ela já está completamente privada do direito de viver sua dor de forma humanizada. Está totalmente insulada no que diz respeito à morte de sua mãe, e sabe que a sociedade não quer dividir com ela as representações que ela, criança, possa ter desse sofrimento.

Com o bebê, é a mesma coisa. Quando a mãe diz: "Ah, o que eu passei por causa desse menino!" contando o parto, o começo da amamentação, nós nos dirigimos a ele: "Você está ouvindo o que sua mãe está dizendo; ela está falando de tudo o que sofreu por sua causa, e você também sofria por causa do sofrimento dela". Nós falamos do que os pais dizem, sem responder aos pais, distribuindo suas falas em relação à criança.

É muito bom quando se consegue isso. Na *Maison Verte*, foi muito difícil passar minha ideia de prevenção de distúrbios psicossociais, neurose, psicose, que são descobertos quando é tarde demais. Para isso, é preciso fazer que os pais e a criança se comuniquem, muito antes de haver algum sintoma fixo.

Tomemos o exemplo da insônia nas crianças pequenas[25]. A insônia é um sintoma que vai se estabelecendo pouco a pouco, e que muitas vezes se torna um modo de vida. Os pais nada entendem do que está se passando e tampouco nós. Pois bem, quando a criança encontra seu lugar na *Maison Verte*, isso desaparece: ela dorme na noite seguinte. As crianças que se aborrecem têm necessidade dos pais à noite para se divertirem.

Como eu dizia, as crianças de creche têm duas personalidades: a personalidade de objeto da sociedade, e a personalidade de um sujeito que entra em crise na época em que os pais as colocam na creche sem tê-las avisado, sem ter lhes dito o quanto vão ficar tristes por serem obrigados a isso, mas que é necessário.

E, mais que tudo, as mães não devem beijar e abraçar o filho assim que chegam à creche para pegá-lo. É muito duro, ainda mais porque as maternantes as recriminam: "Quer dizer então que você não está ansiosa para ver seu filho, você nem o abraça!".

Elas precisam se conter na hora em que chegam à creche. Todas as crianças da creche berram quando veem sua mamãe, porque ficam assustadas de se tornarem mamadeiras devoradas. Elas foram largadas com beijos de despedida angustiados, e são recebidas com beijos ardentes da mãe frustrada por ter passado o dia inteiro longe delas. As crianças sabem que está chegando o pelotão das panteras que vão se lançar sobre elas, mas ainda não sabem qual delas é a sua mãe. Elas só a reconhecem pelo seu cheiro e pelo seu ritmo. A criança nem teve tempo de reconhecer a mãe e já esta se põe a devorá-la. Tudo muda de figura se ela ouve a voz da mãe, se percebe o seu ritmo para pôr-lhe a roupa, se ela pede informações da maternante: "Como foi o dia, foi tudo bem?" etc. E para a criança: "Vamos voltar para casa, vamos ver seu pai, seus irmãos e irmãs, vamos voltar". Feito isso, antes de recolocar a criança no carrinho, aí então, sim, pode-se abraçá-la. Ou então, em casa, um festival de beijos e abraços, por que não? Mas não quando a mãe chega à creche.

Eis como se deve preparar a criança para ir à creche. De resto, as mulheres que trabalham na creche, quando veem as criancinhas de dois meses, dizem: "Essas da *Maison Verte* não são como as outras. Elas escutam, elas ficam de olhos abertos, elas não se fecham, elas não gritam enquanto esperam a mamadeira. Basta dizer a elas: 'Estou indo, não esqueci você'; quando as mães chegam, elas não gritam. E são crianças que têm mímicas expressivas".

Quando as mães percebem que terão que colocar o filho na creche, vêm à *Maison Verte*. É preciso primeiro que a criança se habitue a esse lugar, e em seguida ela é preparada para que uma outra pessoa troque a sua roupa e lhe dê a mamadeira, estando a mãe presente.

É preciso que as mamães saibam que não devem desmamar o bebê dois dias antes de colocá-lo na creche, que é necessário que ele já tenha sido habituado a uma outra forma de alimentação. É preciso fazer as coisas gradualmente. Antes, é bom que, num lugar como a *Maison Verte*, a mãe deixe que uma das pessoas de lá comece a trocar a roupa do bebê diante dela, que tranquiliza a criança dizendo: "Na creche vai ser assim, as moças trocarão você – elas são chamadas de tias –, são pessoas que estão a serviço de seus pais, pagas por eles para que cuidem de você".

É muito importante que a criança saiba que não tem que gostar dessas pessoas, e que essas pessoas não têm obrigação de gostar dela. Se elas lhe querem bem, tanto melhor! Mas o importante não é isso. O importante é que elas estejam a seu serviço, a serviço de seus pais, e atendam às suas necessidades de forma eficiente, porque sem essa ajuda ela não consegue sobreviver.

Dizer isso parece uma coisa extraordinária, mas o efeito é absolutamente radical para a boa saúde da criança, que resguarda, assim, sua personalidade. Ela sabe que é filha ou filho de fulano e fulana e que, qualquer que seja o lugar onde se encontre, ela não é objeto desse meio, ela não é objeto das pessoas que cuidam dela. Ela é sempre ela mesma, articulada a seus pais, confiada provisoriamente a tal ou qual pessoa, que não tem, de forma alguma, direitos incondicionais sobre sua pessoa.

Na escola, é a mesma coisa, é preciso avisar a criança que a professora não tem nenhum direito sobre ela; a professora tem o dever de lhe ensinar. Se for uma pessoa nervosa, ela pode às vezes estar a ponto de dar umas palmadas, pode também dar notas boas ou ruins. A professora é paga para ensinar; ela não é paga para ser boazinha. Se ela for: "Você tem sorte que ela seja boazinha". Conheci inúmeras crianças da escola primária que, estando no segundo ano, queriam voltar para o primeiro porque tinham tido uma professora boazinha, quando na verdade a professora não deve ser boa nem má. O importante é que a criança esteja na escola com outras, que saiba que a professora é paga para socializá-la através do ensino, e que ela não substitui jamais uma mamãe. É a lei que obriga a ir à escola a partir de certa idade. Não é nem bom nem ruim gostar ou não gostar de frequentá-la. É mais agradável, já que se tem de ir mesmo, gostar de ir!

A rigor, uma cuidadeira é uma outra mamãe – não a mãe que deu à luz, uma outra mamãe –, mas nunca uma professora. Essas coisas podem ser ditas nas instituições que acolhem crianças de menos de três anos de idade, isso as ajuda enormemente no seu desenvolvimento posterior.

PERGUNTA: *A senhora falou sobre o poder de indução da palavra do outro. A senhora poderia desenvolver esse ponto em relação às crianças surdas-mudas?*

F.D.: Os surdos de nascença não são de forma alguma mudos. Os surdos são muito faladores, não com o que se escuta, pois não emitem modulações de voz audíveis; há também alguns que ouvem as sonoridades, as vibrações, eles não são de forma alguma totalmente surdos. De qualquer maneira, eles estão imersos em linguagem, na linguagem visual, na linguagem olfativa, rítmica, mímica, gestual.

Há crianças surdas e cegas. Dá para tratar, eu mesma tratei de algumas, e já com dezenove anos, quando se acreditava que eram retardadas[26]. Elas têm, como meio para discriminar os outros, o olfato e o tato. Podemos muito bem comunicar-nos com elas, ou pelo menos quando ainda são pequenas.

Tanto melhor se os pais da criança surda sabem que ela também está na linguagem, tanto quanto uma criança capaz de ouvir – não na linguagem verbal, mas na linguagem mímica, a linguagem da cumplicidade, linguagem de alegria, de sofrimento, de relações interpsíquicas –, e que eles podem chegar a codificar essa linguagem na língua dos sinais de sua etnia. Se eles puderem ensinar a linguagem dos sinais para seu filho, claro que isso é bom, mas se, para começar, eles puderem se comunicar a distância através da mímica e, de qualquer modo, entrar em contato com seu filho por todos os meios que não o verbal, audível, já é uma grande coisa.

As crianças surdas se veem imersas numa magia contínua. Por exemplo, a mãe ouve o carro do marido chegando; ela passa pela criança e vai até a porta. A criança que viu o pai entrar quando a mãe abriu a porta vai ela própria abrir a porta para fazer que o pai entre, e sente então uma terrível impotência. Ela nunca conseguirá fazer o pai aparecer, é o que pensa, porque não lhe disseram que é surdo. Não se diz à criança que ela é surda, e isso é um erro.

Toda criança que tem uma doença deve ser informada imediatamente, logo que ela é identificada.

Informando-lhe de sua enfermidade logo que se toma conhecimento dela, pode-se educar a criança de uma forma diferente uma vez que, a partir daí, ela não vai ser presa de um sentimento de impotência contínua. Ela sabe qual a sua doença, e com isso pode compensar sua deficiência usando outros sentidos, outros meios de comunicação de que dispõe de forma muito mais aguda que os outros que não têm a sua deficiência.

No fundo, descemos as escadas com nossos olhos. Percebo isso cada vez mais à medida que envelheço. Moro há quarenta anos no mesmo edifício com uma escadaria que conheço bem, mas quando falta luz vou pela rampa. Dá para se concluir que normalmente desço as escadas com os olhos!

A criança surda tem olhos muito mais abertos para aquilo que é significativo para ela: os matizes, os rostos, e há também o olfato. O cheiro de cada um de nós também é específico de nosso ser. Nosso cheiro muda de acordo com nossos sentimentos e as crianças pequenas, cuja olfação podemos verificar no fato de que percebem as pessoas a distância, reconhecem as que lhes são familiares, mesmo não vendo nem ouvindo. Essa capacidade permanece nas crianças que não têm audição. Os pares de nervos cranianos comandam os olhos e os ouvidos. Quando ouvimos à direita, só podemos voltar os olhos para a direita. A criança que não ouve, escuta, se é que podemos dizer assim, com os olhos, com uma espécie de tatilidade, de radar.

Talvez vocês tenham lido o testemunho de cegos que descobrem o espaço por uma espécie de radar. Certo dia J., que era cego – mas não de nascença –, descobriu que conhecia muito bem o espaço em que se encontrava pelo senso de uma percepção da profundidade, do tamanho do aposento, e isso em função de um radar até então inconsciente, que se tornou consciente de repente. Li um livro muito interessante, publicado nos anos 1920, escrito por um homem que ficara cego durante a guerra. Ele perdera totalmente o senso de orientação quando um dia, de repente, aquilo lhe veio. Um cego de nascença lhe falara desse fenômeno. Ele disse a si mesmo: "Para mim isso não é possível, eu já não era criança quando fiquei cego (ele ficara cego na guerra de 1914)". Entretanto, um belo dia em que estava perdido em sua solidão em meio ao burburinho, junto com um grupo de cegos como ele, de repente sentiu-se transportado, num estado um pouco inconsciente. E então ele teve a percepção do "radar", das paredes à sua direita, à esquerda. Também se apercebeu de plantas verdes em algum lugar, que deviam abafar um pouco os ruídos. Ele perguntou aos outros, que sofriam há mais tempo de cegueira: "Mas claro", disseram-lhe, "é formidável, olha aí, você já tem seu radar. Agora sua bengala não vai servir para quase nada, confie em seu radar". É impressionante.

As crianças surdas têm a possibilidade de, por meio dos olhos, compreender as pessoas; elas dispõem do tato, do olfato, e também do gestual inconsciente. Mas é claro que dispõem também, o que é ainda melhor, do código consciente chamado língua dos sinais; essa língua lhes pode ser ensinada e os pais que a conhecem podem se comunicar com eles.

Uma criança que desde o nascimento se comunica com os pais será muito mais adaptável à sociedade, principalmente à convivência com os surdos que conhecem a língua dos sinais, e ao mesmo tempo se sentirá segura no mundo das pessoas que ouvem. Ver-se-á, depois, quando tiverem quatro, cinco anos, como educá-lo nessa outra língua, a segunda (sendo que a primeira é a língua dos sinais), a língua verbal de seu país – no nosso caso, o francês – falada e lida nos lábios.

PERGUNTA: *Um menino de três anos, e outro de nove meses, o pai árabe, a mãe francesa. O pai pensa em fazer a circuncisão de seus filhos. A mãe considera a circuncisão uma mutilação. O que a senhora pensa desse problema?*

F.D.: Isso não é, de modo algum, um problema em si. É um problema para a mãe. Talvez seja também um problema para o pai, se ele não deseja fazer uma circuncisão ritual, se deseja uma circuncisão pela circuncisão, o que é estúpido.

Digamos que a circuncisão pela circuncisão, feita por um cirurgião qualquer, não é uma coisa boa nem ruim. Mas aqui trata-se do desejo do pai; e, para a criança de nove meses, já é tarde.

De fato, a idade ideal para qualquer tipo de circuncisão é oito dias, quinze dias. Ou então, quando há risco em manter o prepúcio por causa das inúmeras infecções causadas pela fimose. É necessário fazer a circuncisão, e explicar-lhe o motivo: "Você corre o risco de pegar uma doença que estrague esse broto importante para a flor da vida (a glande)". Pode-se falar assim, pois é verdade, e é uma forma poética de dizer.

A circuncisão é necessária em caso de risco, ou no caso de uma crença, mas então que não seja feita para dizer que se fez, sem que haja uma ritualização. Isso não teria o menor sentido. Se esse pai quer a circuncisão do filho para que os outros não digam que ele não a fez, é preciso que a mãe o ajude dizendo: "Não, assim não, às escondidas, mas sim de forma ritual, com todo os usos e costumes dessa religião em que a circuncisão é um sinal de promoção viril, de promoção humanizante". A circuncisão não é de modo algum uma mutilação, mas pode se tornar se for concebida de forma hipócrita, para que os outros não recriminem o pai por ter deixado de observar um uso que ele acha absurdo, e no qual não acredita mais.

Para os judeus, é a mesma coisa se a pessoa que faz o parto faz a circuncisão da criança para que se diga que ela é circuncidada. Isso se pagará na segunda ou na terceira geração.

Quando uma criança nasce, se o pai e a mãe querem, por fé, integrá-la às regras e sacramentos de uma religião que dão sentido à sua vida, é preciso que digam para si mesmos: "E se eu morresse amanhã, quem cuidaria do meu filho?". Quando um ser humano nasce, nosso dever é providenciar para que outras pessoas possam assumir sua tutela, responsabilizando-se por educar a criança no modo de educação que os pais, os primeiros responsáveis, querem lhe dar. É o papel dos padrinhos e das madrinhas.

Não se pode educar uma criança que fez circuncisão "de mentirinha". Isso não quer dizer nada. Não sei se estou respondendo a sua pergunta, mas acho que a criança deve ser informada do que é a circuncisão, e de que é uma honra que lhe é feita. A partir dessa marca em seu sexo, ele é investido de um valor humano masculino numa sociedade que tem uma ética precisa para educar seus cidadãos, uma ética de inspiração espiritual e não apenas uma moral de comportamentos.

Todas as mães consideram a circuncisão uma mutilação; isso é problema das mães. Pois não apenas a circuncisão precoce não é uma mutilação, mas é uma forma de potencializar o desejo porque, liberando a glande da proteção do prepúcio, ela se torna muito mais sensível. Posteriormente, a mucosa endurece e não é mais tão sensível. Mas no início é realmente uma liberação da proteção da glande, que faz que esse ser humano se sinta promovido, sensibilizado para o lado masculino de seu grupo familiar e social. Se a mãe não deseja que seu filho seja marcado pelo desejo do pai (que quer que seu filho não pertença apenas a ele e a sua mãe, mas que pertença a Deus), é porque ela pensa no filho como a cadela em relação ao filhote e a gata em relação ao gatinho. Essa mãe quer guardar o seu filho para si mesma, protegê-lo de todo mal físico sem compreender o papel linguageiro, simbólico, dessa prova humanizante para seu filho. É muito importante fazer as pessoas compreenderem isso.

Na religião cristã, Jesus de Nazaré trouxe essa noção nova: não se trata de marcar o corpo, trata-se de marcar o coração. Ele falou de circuncisão do coração[27]. Uma marca interior, que ninguém pode ver, e isso evita a hipocrisia. O fato de ter o pênis circuncidado não significa que o coração foi circuncidado. O que é importante é a circuncisão do coração, no coração, é estar sem a proteção infantilizante (como a da mamãe, quando se é pequeno). O órgão coração simboliza as pulsões controladas pelo homem que se submete livremente a uma lei em nome de seu Deus transcendente cuja marca ele inscreve no próprio lugar de seus amores humanos, o coração. Eis o que isso significa.

Então, que essa pobre mãe, a quem respondo com meu jargão de psicanalista, se vire. Que ela reflita com o pai da criança sobre o senso de honra e de promoção que o ritual da circuncisão tem para seu filho, mas que eles renunciem a uma circuncisão dedicada ao "o que dirão", ou aos parentes de quem se pode receber uma herança...

Talvez seja interessante, se houver aqui mulheres muçulmanas que têm filhos e que já têm um pé na etnia francesa, que apoiem essa honra de pertencer à religião de seu pai, de seu avô, e ajudem as outras mulheres para que não se ponham a gritar: "Estão estragando nossas crianças". Que elas compreendam e vejam o valor humanizante desse ritual, muito simbólico para a criança, para a sua família e para as pessoas presentes naquele dia.

PERGUNTA: *Será que dando a chupeta à criança saciamos demais seu desejo, será que criamos necessidades?*

F.D.: Sim, é verdade, sacia-se o desejo oral, o desejo passivo da boca de sugar o peito. É uma ilusão de mamar. É para ter sossego, porque o choro da criança incomoda os pais. Muitas vezes, eles não têm tempo de falar com ela, então a impedem de exprimir seu sofrimento dando-lhe a ilusão de que estão no seio. Isso é um problema porque impede que ela busque uma solução, nem que seja a de chupar o próprio polegar, o que já é melhor que a chupeta, chupar o próprio punho, ou qualquer outra coisa. A criança, como a gente sabe, põe tudo na boca. E quando ela põe alguma coisa na boca, põe também no nariz, nos ouvidos, nos olhos. É uma forma de integrar tudo.

De que ela está precisando naquele momento? De um alimento simbólico, isto é, de um elemento auditivo, visual, linguageiro, que lhe explique o gosto e ponha palavras naquilo que ela leva à boca. Por exemplo, se é o lado do chocalho feito de metal: "isto é o chocalho, está vendo? É frio porque é o lado feito de metal". Se, em outra ocasião ela pega pelo lado feito de marfim: "é menos frio que o lado feito de metal". Dizer simplesmente isso, se perceber o que está acontecendo; se não perceber, azar. Ou, outro exemplo: "Veja, você pegou seu cobertor (ou esse paninho), da mesma forma que quando eu lhe dou de mamar, e você pensa, porque está com o cobertor sob o nariz, que está comigo e que está mamando. É pena, porque não é verdade". Então a criança, muito interessada pelo que está ouvindo, larga o cobertor para prestar atenção na pessoa que está falando com ela.

O verdadeiro elemento transicional para a criança são as palavras[28], mas ela tem objetos de substituição da presença materna, substituição do objeto parcial mamilo, quando não se lhe deram a tempo as palavras sobre suas outras percepções da presença materna. Isso não é muito grave; muitos vieram a se tornar grandes sábios graças ao fato de terem chupado o dedo, como Einstein, que parecia um retardado chupando o polegar até os onze anos de idade. Seus professores diziam: "Esse aí nunca vai fazer nada na vida, coitado". Era um "coitadinho" que meditava o tempo todo chupando o dedo, porque chupar o dedo leva a criança a meditar. Esse meditou tanto que terminou por se tornar matemático, mas a maioria não chega a isso.

PERGUNTA: *O que dizer de uma criança de cinco anos que é autônoma, que se separa da mãe em várias circunstâncias (colegas, escola, jogos na rua) e que, em outras ocasiões, gruda nela fisicamente (carícias demoradas, afagos) e se recusa a se separar? O pediatra respondeu: "Falta de confiança em si mesmo, não se incomode com essa efusividade afetiva".*

F.D.: Mas em nome de que essa mãe obedeceria a esse médico? E por que ela obedeceria ao que eu viesse a dizer? O que ela tem vontade de fazer? Ela fica contente quando o filho vem se esfregar nela? Então, tanto pior para os dois, eles ainda se permitem momentos inocentemente incestuosos, mas isso vai mudar. Trata-se de uma criança já muito desenvolvida mas que tem como que uma nostalgia, e talvez sua mãe também sinta isso: "Não tenho mais crianças, é terrível!", então de vez em quando o menino vai consolá-la: "Mas sim, ainda tem uma criança".

Existem crianças muito desenvolvidas que, de tempos em tempos, se sacrificam: "Tenho de fazer um carinho nela, pobre mamãe!". E a mãe acredita que é a criança que o deseja, quando na verdade ela também o quer. Mas nesse caso não sei por que o médico se identifica com a criança; talvez porque ele mesmo não teve carinho bastante? Ele disse à mãe: "Não se incomode". Por que não? Mas também, por que sim?

PERGUNTA: *Uma criança de dez anos cuja mãe morreu. Toda a família se recusa a falar sobre o assunto, tanto entre eles como com a criança. A criança sai da sala toda vez que alguém tenta abordar o assunto. Como falar a essa criança como profissional?*

F.D.: A pessoa que fez a pergunta é a professora da criança?

RESPOSTA: *Não, psicóloga.*

F.D.: Você é psicóloga e lhe pediram que cuidasse disso? Quem lhe pediu que cuidasse da criança?

RESPOSTA: *Atendi a criança antes das férias por causa de outros problemas e voltei a vê-la depois.*

F.D.: Pois bem, é ela que vai falar a você, mesmo ficando calada. Deixe que fique calada por muito tempo, uma vez que sua mãe se calou para ela; ela vai começar por fazer uma transferência de pessoa muda com ela, então fique muda. Com efeito, no início a criança transfere o que está em volta dela. Como nesse momento ela tem uma mãe muda para ela, vai ficar muda para você, a fim de estabelecer uma relação com a mãe de modo simbólico e espiritual. Não lhe faça perguntas. Diga-lhe simplesmente que você foi encarregada por tal ou qual pessoa de cuidar dela, porque acham que a vida ficou difícil para ela depois do que aconteceu – sem lhe dizer o que, pois ela sabe – e que, se ela quiser, você pode ouvi-la regularmente, e se ela não quiser, ela pode dizer a você.

Eu costumo usar bastante o pagamento simbólico porque é graças a ele que vemos a criança expressar sua recusa à sessão. De resto, nós a felicitamos por recusá-la: "Você não quer ter a sessão, tem razão; quando você traz o pagamento (o bilhete usado do metrô, uma pedra, um selo falso feito por ela mesma), sei que você está querendo ter a nossa sessão. Hoje sei que não".

É interessante porque há crianças que querem ter a sessão, que não dizem uma palavra durante dez, quinze sessões, mas que chegam sempre pontualmente, sozinhas, trazendo seu pagamento simbólico[29]. E essas sessões de silêncio total são formidáveis para elas se o psicólogo as pode suportar, sabendo que é pelo silêncio que elas fazem seu luto.

Nesse caso de que você falou, é possível que se trate disso. É quando você fala, na frente dela, da morte da mãe que ela vai embora? Sim? Ela falará com você interiormente, sem dizer uma palavra sobre o assunto, ela reviverá tudo o que precisar viver, e pouco a pouco começará a lhe contar um sonho, ou desenhará alguma coisa. Mas, enquanto isso não acontece, respeite seu luto, que por enquanto só pode ser vivido pelo silêncio, uma vez que os outros membros da família não querem falar disso com ela, ou não podem fazê-lo.

PERGUNTA: *Como uma mãe pode falar à filha de quatro anos de idade sobre a prisão de seu marido, que foi condenado a uma pena de cinco a dez anos?*

F.D.: O marido é o pai da criança? É? Então a criança sabe. Isso não lhe foi dito com palavras, mas ela sabe.

RESPOSTA: *Disseram-lhe que o pai tinha viajado.*

F.D.: Disseram-lhe que ele tinha viajado, mas a criança sabe muito bem que mentiram. O que a mãe tem que fazer é dizer simplesmente: "Eu lhe disse que seu pai viajou, mas você sabe que não é verdade. Se você sabe o que aconteceu com ele, diga-me o que está pensando. Vou lhe dizer a verdade aos poucos". Ela pode muito bem acrescentar: "Você era muito pequena, então pensei que não podia lhe contar, mas tenho certeza de que você sabe alguma coisa, e que você também não tem coragem de me contar. Nós duas não temos coragem de falar, dizemos que papai viajou. Eu digo a todo o mundo que meu marido viajou, mas com você, se você quiser, vou falar a verdade". A criança não dirá nada, e depois, daí a uns dois ou três dias, ela dirá alguma coisa ou fará um

desenho cheio de grades com um bonequinho dentro. Sua mãe lhe dirá: "Sim, você tem razão, é lá que ele está".
– Por quê?
– Bem, porque fez uma besteira.
Ela então lhe dirá a besteira que ele fez. Mas o mais importante é que a criança poderá ir à prisão visitar o pai ou escrever para ele.

O que é indispensável, para os prisioneiros, é que as crianças os amem, na situação aflitiva que estão vivendo. É isto que fará que a prisão sirva realmente para reabilitar, porque em geral se trata de pessoas que tiveram uma educação deficiente ou que perderam o controle de si mesmas e que, pelo fato de que seus filhos as amam, sentem-se responsáveis. Quando percebem que seus filhos os amam depois de um ato condenável, sentem-se responsáveis, mas não culpados, e é isto que humaniza uma falha de conduta: é assumir a responsabilidade pelo que se fez, sem se sentir esmagado pela culpa, e é o amor de seus filhos que mais os ajuda.

Já ajudei dessa maneira muitos filhos de prisioneiros. A princípio, escondiam de mim – o pai viajara, fora trabalhar em um lugar distante –, até o dia em que a mãe me informava que ele estava preso.

As crianças sabem. Elas lhe contam através de desenhos, sem saber que contam. Elas sabem inconscientemente. É muito melhor que a coisa se expresse com palavras. De resto, elas têm um verdadeiro arsenal de invenções para desculpar os pais; põem a culpa, por exemplo, nas costas do avô, que não soube criar o filho. O que, aliás, em geral é verdade: trata-se em geral de homens que não tiveram pai no período de socialização.

É verdade que muitas vezes as pessoas são pegas de surpresa: elas não têm condições de contar aos filhos porque elas mesmas já estão muito abaladas. É preciso, nesse caso, retomar o assunto mais tarde dizendo: "Você era muito pequeno; agora, compreendo que você sabe muito bem; não vou continuar a lhe dar uma explicação qualquer, ele pode ficar por muito tempo" etc.

Saibam disso: com cinco anos a criança compreende tudo! Ela compreende muito bem as palavras.

Pode haver então um momento de revolta contra o pai: "Ele é mau, ele é feio".

– Você acha isso mas quando você crescer talvez compreenda melhor a situação. Você não se enganou escolhendo seu pai. (Ainda mais quando se trata do pai verdadeiro, porque se fosse um amante da mãe a coisa seria bem diferente.)

Isto não é "mau". Uma pessoa pode ser um perverso consumado e ser boa para os filhos. Não sei que ato esse homem cometeu, mas não se deve recriminar as palavras das crianças. É preciso dizer-lhes: "Escute, o que o seu pai fez são coisas de gente adulta, você não pode entender muito bem, mas proíbo-a de dizer que seu pai é mau e feio. Ele caiu na própria armadilha, mas nem por isso é mau".

É preciso de todas as maneiras recusar as palavras carregadas de valor: mau ou feio. Muitas vezes se ouvem as crianças dizerem: "Mamãe é feia". Pode-se responder: "Escute, não a trate como se fosse uma macaca; é uma mulher: as macacas são feias, mas as mamães não".

E é verdade, "feio", "mau" são termos de estética. Que quer dizer "mau"? "Cachorro mau, preste atenção"? Não tem sentido. É preciso dizer à criança: "Existe uma lei, e seu pai esqueceu a lei".

As crianças ajudam muito; elas são tão espertas e tão amorosas quanto nós, por isso compreendem. De certa forma foram elas que escolheram o próprio destino, às vezes difícil. É preciso que se diga a elas: "Ao nascer, você não escolheu uma coisa fácil, e isso mostra que você está à altura dos desafios; vamos tentar superá-los".

PERGUNTA: *A senhora nos falou do sofrimento dizendo que era preciso esquecê-lo para que o desejo renasça.*

F.D.: Não, eu não disse esquecer mas superar. Para isso, é preciso falar. Quando o sofrimento é falado, as pulsões em jogo se abrandam pelo fato de se ter encontrado alguém que escuta. Desse modo, o desejo não estaca mais diante de uma impossibilidade de se satisfazer de outra forma que não por meio da morbidez do sofrimento, porque ficar afagando o umbigo com o sofrimento é uma espécie de masturbação, estéril como toda masturbação. Uma pessoa se compraz em seu sofrimento se não o comunica a alguém que possa ajudar a superá-lo. É difícil de entender: o desejo se satisfaz igualmente, mas com um mínimo de benefício para o indivíduo e para a sociedade, no masoquismo do sofrimento em comparação com o prazer partilhado com os outros (ou na dor partilhada, e portanto humanizada pela linguagem).

É evidente que quando alguém geme sem parar por causa de um sofrimento, ou quando se quer escondê-lo, para que não se possa falar sobre o assunto – por exemplo com as crianças que sofrem de miopatia ou as crianças que nascem inválidas (a epilepsia é outro problema) –, pois bem, nesse caso, só há uma coisa a fazer, é falar com franqueza e escutar o que ela quer ou pode dizer do seu ponto de vista.

A uma criança portadora de miopatia, cujo prognóstico atual é uma fatal agravação da doença, deve-se dizer imediatamente: "Você tem um problema que pode ir se tornando cada dia mais grave; só você pode sentir o que sente, e talvez conter a evolução dessa doença, talvez... não é certo que consiga".

O importante é manter-se em comunicação. A partir do momento em que se informa alguém de qual é sua enfermidade, isso lhe permite criar um tesouro de compensações para continuar sujeito, em vez de ser um indivíduo carnal cada vez mais objeto dos outros. Existe sempre uma possibilidade de alegria quando há comunicação com os outros, os outros que dizem a verdade, não os que fingem: "mas sim, amanhã você vai estar melhor", quando se sabe que não é verdade.

Talvez, daqui a alguns anos, descubra-se uma forma de curar ou de melhorar a evolução dos que sofrem de miopatia. É possível, e é por isso que é importante que eles possam falar de seus sintomas, e também das variações destes em função das emoções que experimentam. Podem ajudar, assim, na observação dessa doença. É preciso dizer a eles: "Você não está só". Que eles saibam que não são os únicos, que há outros e que eles podem se ajudar mutuamente.

Ao contrário do que se pensa, também é bom que elas convivam com outras que tenham o mesmo problema, e não junto com as crianças sadias. Elas se sentem menos infelizes convivendo com outras na mesma situação, desde que se continue a visitá-las, e que não se esconda que estão doentes. Pode-se, portanto, proporcionar-lhes todo o prazer que há no encontro com o outro, pois elas têm grandes prazeres, auditivos, visuais, imaginários. É possível falar com elas a respeito de tudo isso. Há uns quinze anos apareceu, sem grande sucesso, um maravilhoso filme sobre crianças com deficiências motoras de origem cerebral, cujo título era: *Une infinie tendresse* [Uma infinita ternura][30].

PERGUNTA: *A criança diante da doença grave?*

F.D.: Justamente. É preciso dizer-lhe imediatamente: "Você pode me dizer tudo o que está sentindo; é você que sabe como é que você está; é preciso contar ao médico, e se ele não tiver tempo de escutá-la, eu a escuto". É preciso que ela fale pelo menos a uma pessoa.

Estou convencida de que, diante da própria morte, a pessoa que vai morrer logo percebe que está no fim da vida. Vejam, por exemplo, o livro de Ginette Raimbault[31]: as crianças ficam preocupadas com os pais. Muitas dizem: "Avise a minha mãe – ela não quer acreditar –, mas na semana que vem não vou estar mais aqui quando ela voltar". Para elas, faz parte da vida ir embora. Não sabemos o que é a morte, mas a criança não faz todo esse *pathos* em torno da sua morte como nós, que achamos que uma morte prematura é dramática. Para a criança que vai morrer, a morte não é prematura, ela faz parte de uma evolução que ela sente, e há sempre uma esperança do depois. Não sabemos o que é essa esperança para a criança, mas ela fala disso: "Quando eu morrer, vou fazer tal ou tal coisa". Mas, por que não? Deixemo-la imaginar. Não falemos nada, é preciso escutar e aquiescer: "Você é que sabe".

PERGUNTA: *E quando se trata de uma pessoa de trinta anos que não quer saber que tem uma esclerose múltipla?*

F.D.: Talvez ela tenha razão, porque existem escleroses múltiplas com remissões tão longas que se corre mais o risco de morrer atropelado na rua que da doença. Quando se tem trinta anos, a coisa é muito diferente do que acontece com a criança. Estou falando de crianças bem pequenas, que sabemos, pelo alcance dos conhecimentos científicos, ser portadoras de uma doença cuja cura ainda não se conhece. Mas essas crianças podem contribuir para uma observação mais precisa da doença, porque podem falar de seu estado. E se não quiserem falar disso: "Você tem razão em não querer falar". Mas não devemos esconder o fato de que sabemos muito bem o sofrimento pelo qual estão passando. E se elas veem os pais chorarem, que eles lhes digam por que choram: "Estou chorando porque você tem uma doença que me deixa aflita, porque ainda não se conhece uma forma de curá-la"; quando isso acontece, são as crianças que consolam os pais.

Não há que hesitar. Vocês que são enfermeiras, que cuidam de crianças nessa situação, devem perguntar: "O que você acha? O que devemos dizer a sua mãe?". E elas é que dirão. São as crianças que nos vão explicar.

É o caso de uma criança cuja enfermeira veio me dizer: "Essa criança vai morrer, a mãe está num estado assustador. O que devemos dizer a ela? Devemos avisá-la? Ela vai chegar daqui a oito dias, a criança já estará morta, ela parece não perceber isso, ela queria até levá-la de hospital em hospital, mudar de médico...".

Eu lhe disse: "Escute, eu mesma não sei, mas a criança sabe. Ela conhece sua mãe. Pergunte-lhe: 'O que você acha que a gente deve dizer à sua mãe sobre a evolução da sua doença?'. E a criança lhe respondeu: 'Ela não pode suportar que eu vá morrer; então faça o que puder'".

E, de fato, essa enfermeira fez o que pôde, isto é, muito pouco, com essa mãe que deparou com o fato consumado do filho morto. Ele dissera: "Diga à minha mãe que a amo mesmo estando morto" ("mesmo estando morto", embora fosse morrer pouco tempo depois).

Nós não sabemos, nós que estamos vivos, nós nos projetamos e a morte é pavorosa, mas para aquele que tem de vivê-la... Faz parte da vida morrer, para todos nós, e isso é muito menos angustiante para as crianças que para os adultos, porque elas não têm responsabilidade. Elas têm um pouco, como essa criança que se sentia responsável por sua mãe. A criança tinha pai, mas não se preocupava com ele. Dizia: "Com meu pai não há problema". Era a tristeza de sua mãe que ele sentia. Escutemos as crianças.

PERGUNTA: *Com as crianças deficientes com síndrome de Down, como se deve proceder?*

F.D.: Deve-se dizer à criança, imediatamente, desde o nascimento. Foi o caso daquela criança com síndrome de Down, uma das primeiras de quem tratei, e que atualmente está melhorando: ela foi informada desde que nasceu da sua anomalia genética. E agora isso está pululando porque a mãe e o pai souberam ajudar os médicos, e a própria criança assume sua trissomia.

A mãe me escrevera da maternidade dizendo: "Desde o nascimento de minha filha choro o tempo todo, há três dias que não sei o que fazer, ela nasceu com trissomia 21". Respondi imediatamente: "Diga à sua filha por que você está chorando, que ela tem trissomia 21, que ela não é como outras crianças que se sabe como educar, e que você teme que ela seja infeliz".

Os pais ficaram completamente transtornados com a minha carta. Eles ainda estavam na maternidade. Eles falaram um para o outro: "Que temos a perder? Vamos dizer a ela". E viram o sorriso extraordinário desse bebê de cinco dias, e a partir daí houve uma comunicação incrível com essa criança, que é de uma inteligência!

Eles moram no campo; vi essa criança uma ou duas vezes depois. Ela é portadora de síndrome de Down, tem o aspecto bem marcadamente de um deficiente com síndrome de Down, mas é muito ativa, mais dinâmica e vivaz que muitas crianças que não têm trissomia 21. E cada vez que ela tem uma dificuldade, sua mãe lhe diz: "Você é que sabe, diga-me o que tenho que fazer por você". Só isso. Há uma confiança total.

Mais tarde, a pequena foi posta na escola maternal, ela queria conviver com outras crianças. A mãe achou uma escola onde ela foi aceita, uma espécie de creche para crianças grandes; e lá estava ela, anã no meio dos outros, como muitos deficientes com síndrome de Down, que não crescem.

Um dia uma senhora disse: "Essa menina tem uma cara engraçada". Nessa época ela tinha vinte e seis ou vinte e sete meses, falava mal, mas foi até a mulher e disse na sua fala quase incompreensível: "Eu sou trissomia 21".

E a mulher, surpresa: "O quê? O que ela está me dizendo?".
– Ela está dizendo que é portadora da síndrome de Down, tem trissomia 21 – explicou a professora.
– O quê? E ela sabe!
Tive a oportunidade de ver essa criança duas vezes. Seus pais vieram à *Maison Verte* quando ela tinha dois anos e meio e a mãe estava grávida de outra criança. O pai me disse: "O médico insiste em que devemos fazer uma amniocentese para saber se a criança será portadora da síndrome de Down, e tivemos um bate-boca terrível. Eu lhe disse que se ela tiver que ser portadora da síndrome de Down, que seja. Somos tão felizes com nossa filha que, mesmo que o segundo também seja portador da síndrome de Down, não vou querer abortar a criança. E o médico me respondeu: 'Nesse caso, sou eu que me nego a fazer a amniocentese porque quero fazer para que vocês não deixem nascer uma criança deficiente portadora da síndrome de Down'".

Todos sabemos o que é uma criança deficiente portadora da síndrome de Down. Sabemos que é uma anomalia genética pela qual um aminoácido não é sintetizado (um pouco como os diabéticos, que não fazem a síntese do açúcar) e, por causa disso, há um envelhecimento das células do cérebro, um envelhecimento muito mais rápido desses indivíduos humanos no plano carnal. Mas seu espírito – o sujeito – é muitas vezes luminoso, inteligente, bom, muito interessante. E era o caso daquela criança.

Afinal, eles não fizeram a amniocentese. E quando o feto tinha sete meses, a pequena perguntou ao pai: "O bebê que mamãe está esperando vai ser como eu?". O pai respondeu: "Não sei", e não disse mais nada. Eles foram ao hospital para a ultrassonografia e quando voltaram a pequena chamou seu pai a um canto e perguntou-lhe: "Que foi que o médico disse? Ele vai ser como eu?".

– Não, ele não vai ser deficiente portador da síndrome de Down, ele não vai ter trissomia 21, e vai ser um menino.

– É bom que seja um menino, mas é triste que não seja como eu.
– É, você vai se sentir meio sozinha.
Ela não falou mais nada. Quando o irmãozinho nasceu, ela ficou emocionada e se interessou bastante por ele.
Voltei a vê-la, o irmãozinho já tinha dezoito meses, e era do seu tamanho. A menina tinha três anos e meio, quatro anos, mas continuava pequena. É uma característica dos portadores da síndrome de Down não crescer. Mas eu notei que a mãe era muito atenciosa com essa filha, quase demais, mais que com o menino, por quem ela não tinha o mesmo interesse maternal. Talvez para que a filha não sofresse? Então eu disse à criança: "Ouça, acho que sua mãe dá atenção demais a você. Seu irmão é uma pessoa tão interessante quanto você, embora não tenha síndrome de Down. Não sei se é por isso que você não está crescendo. É verdade que a trissomia 21 faz muitas crianças pararem de crescer; mas vejo que você tem tanta vontade de tomar o lugar do seu irmão que talvez seja isso que a impede de crescer, ficando com uma altura de uma criança com dois anos a menos". Ela me lançou um olhar raivoso e: "Eu te detesto" – e foi embora.

A mãe me escreveu três meses depois: "Ela agora calça três números acima do que calçava e, nos quatro meses deste verão, alcançou a altura das crianças de sua idade". Seria talvez por causa da verdade que lhe revelei, o desejo não dito mas atuante de tomar, pelo tamanho (idade) e corpo (lugar), o lugar de seu irmão de dois anos?

A carta continuava nestes termos: "A senhora realmente tinha razão; na volta, vim pensando com meu marido: é verdade, quando o menino faz alguma coisa, achamos que é natural que o faça; mas quando é ela, fazemos a maior festa". Eles mudaram de atitude em relação a isso, e as coisas melhoraram muito.

Aconteceu outra coisa interessante, que também nos serve de lição. Como disse, ela estava no primeiro ano de uma escolinha particular que a aceitara como aluna. Mas a professora do segundo ano não queria tê-la como aluna no ano seguinte. Ela dissera: "Não quero uma menina assim na minha classe; me dói o coração ver crianças assim". A mãe ficou abaladíssima. Eu disse à mãe: "Você teve sorte porque a professora falou, quando outra teria reagido de forma hipócrita". E à criança: "Você e sua mãe tiveram sorte que essa professora tenha dito que não queria você em sua classe porque você tem trissomia. Você sabe que não é como as outras crianças, e cabe a você conquistar o seu lugar fazendo-se amar. Com essa professora você não iria conseguir isso, azar o dela. Sua mãe encontrará outra escola". Com efeito, ela encontrou outra escola particular.

Mas nesse meio-tempo o que eu dissera à criança na Páscoa fizera efeito. Que será que ela fez? Seja o que tenha feito, a professora do segundo ano disse: "Sabe, observei essa criança no recreio, ela é realmente impressionante e encantadora, ela não guarda nenhum rancor quando é agredida, ela sempre procura entrar num grupo para participar e pouco a pouco ela vai se integrando. Ela chega a ser um pouco líder. Gosto muito dela; agora mudei de opinião, quero ter sua filha como aluna, se você aceitar, e peço desculpas pelo que disse antes".

A mãe respondeu: "Mas você tinha razão e agradeço por ter falado. Isso nos ajudou bastante, e ajudou minha filha a compreender que há pessoas que podem não a aceitar".

É sempre assim: pode-se trabalhar com as pessoas que mais resistem, desde que se aceite que elas expressem essa resistência. Falei sobre tudo isso por causa da doença, mas isso pode ajudar a compreender a marginalidade que deriva da aparência como é o caso também do racismo. O racismo é importante, as crianças sofrem por causa dele. Não se deve dizer que não existe, é preciso dizer-lhes a verdade. Não se deve dizer: "Você tem que superar essa desvantagem"; deve-se dizer: "Você é negro" ou "Você é mestiço, e há certo tipo de crianças que vão recriminá-lo por isso. O que você tem que fazer é mostrar o que vale, e eles verão que se enganaram, que são bobos".

É assim que se ajuda uma criança. Vocês poderão me perguntar: "Para que serve isso?" Ora, porque só se constrói com base na verdade, não na hipocrisia. É hipocrisia fingir acreditar que as crianças vão se integrar, simplesmente porque a professora vai ajudar. De modo algum. É preciso falar do problema do racismo em todas as classes, mesmo as das crianças menores. Chamar pelo nome certo aquilo que as crianças vivenciam.

Ou outro exemplo, a propósito das crianças de uma creche da Assistência Pública (a DDASS*, como se diz atualmente), todas elas abandonadas[32]. Elas frequentam a escola maternal da região. Um dia, uma das crianças que eu atendia me disse: "Todas as crianças são contra nós; porque quando o carro da nossa creche chega, elas ficam nos esperando para cair em cima da gente". Havia uma luta entre o pequeno grupo da "creche" e o grupo das crianças que chegam antes, aquelas que os pais levavam à escola.

Essa criança, de três anos de idade, já estava para ter alta do tratamento comigo. Ela tinha sido encaminhada a mim por suposta psicose, mutismo, retardamento etc. Isso derivava do fato de que ninguém a esclarecera sobre sua história, pois nada sabiam dela. Era ela que a conhecia, e pouco a pouco começou a contá-la nas sessões.

Eu refletia junto com ela: "É interessante isso que você está me dizendo. Eu me pergunto se as crianças da escola não têm inveja de vocês da creche, porque elas, se não tivessem

---

* DDASS – Direction départementale de l'action sanitaire et sociale [Direção departamental da ação sanitária e social], órgão descentralizado em 1983, responsável, entre outros, pelas crianças abandonadas. (N. R. T.)

as mamães e os papais, não conseguiriam viver, ao passo que vocês, que elas sabem que são crianças que não têm papai nem mamãe, vocês vivem muito bem. Então pode ser que seja isso".

Ela não respondeu. Continuou com suas sessões. E realmente é verdade que elas não são como as outras, pois sabe-se que são crianças sem pais, sendo que algumas delas vão ser adotadas. E todos sabem disso na escola: "Fulano não vem mais, ele achou um papai e uma mamãe". É assim que se diz na escola.

A criança que mencionei foi adotada, e os pais adotivos vieram me procurar para se informar sobre o que acontecera, assim como procuraram a professora para saber de seu nível, saber o que ela aconselhava em relação aos seus estudos etc. E a professora lhes disse: "Sabe, essa criança é extraordinária; no começo ela precisou de cuidados especiais porque era muito instável, ninguém conseguia mantê-la na escola, mas depois se tornou a verdadeira líder na classe, e é de uma sensibilidade, de uma inteligência!" – coisa que a mãe adotiva já havia percebido muito bem. E a professora acrescentou: "Senti muito quando ele foi embora. Imagine que este foi o único ano em que não houve confusão entre as crianças da turma e as da creche. E isso graças a ele. Eu dava um jeito, quando possível, para que não chegassem todos ao mesmo tempo. Eu dizia ao motorista do carro que chegasse três minutos depois para que todo o mundo já estivesse na classe e não houvesse confusão. Eu tentava acalmar os ânimos quando, um dia, o pequeno disse: "Sabe, senhora, acho que sei por que eles brigam com a gente, que vem da creche".

– Ah é? Por quê?

– Acho que é porque têm inveja de nós.

E ele repetiu o que eu lhe dissera um ou dois meses antes.

E a professora ainda acrescentou: "Houve um tal silêncio que se podia ouvir uma mosca voar. As crianças ficaram caladas, era a passagem de um anjo. E nunca mais elas atacaram as crianças da creche, mesmo quando o carro chegava e elas ainda estavam fora da sala. Durante todo o ano letivo não houve mais problemas, porque era verdade: essas crianças tinham inveja dos que não precisavam de papai nem de mamãe para viver contentes. É formidável!".

É preciso entender isso: quando alguma coisa é verdade, se é dita, libera a pessoa do sintoma. Ora, tratava-se realmente, naquele caso, de um sintoma de inveja: as crianças que tinham pais tinham inveja das que não tinham e que viviam muito bem.

Dá-se o mesmo com toda criança diferente das outras, sejam elas portadores da síndrome de Down, raquíticas ou deficientes: ela se dá ao luxo de viver bem, não é possível!

Aí está como se pode ajudar uma criança marcada por um problema visível. O importante é o que ela vive, a forma como essa criança gosta das outras; a questão não é, de modo algum, que ela seja amada. Nem por isso é preciso ser "masoquista", deixando de se defender das pessoas que lhe fazem mal. Mas isso sem se pôr a detestá-las, pois isso só serve para fazer que se perca energia. O mesmo se dá com a pessoa doente: como não tem energia para perder, que não perca com isso. É isso que é muito importante numa educação dinâmica.

PERGUNTA: *Nós perdemos uma filhinha de quatro anos, que morreu afogada. Que devemos dizer às crianças que restaram, as duas mais velhas, uma de doze e outra de nove anos, que ficaram chocadíssimas com o acidente?*

F.D.: As que "restaram"? Seria melhor dizer que elas continuam suas vidas, não se trata de um resto.

Acho que não se pode dizer muita coisa. Elas o sabem, é um acidente. É preciso deixar que elas falem tudo o que imaginam. É só isso, não se pode dizer nada, e se alguma delas diz alguma coisa em relação à culpabilidade: "Você acha que se a gente tivesse sido boazinha com ela...?", simplesmente ouvir.

As pessoas sempre se recriminam. As crianças têm sonhos em que são culpadas, sonhos em que elas mesmas talvez sejam as causadoras da morte. São sonhos totalmente sadios e normais[33]. Vocês vão entender por quê.

Nos nossos ritos de luto, e em todos os ritos de luto de todas as etnias, é a mesma coisa: quando alguém morre, finge-se estar de acordo com a morte. Nós, por exemplo, colocamos o caixão na terra, e cada um que amava o morto joga um pouco de terra em cima. Portanto, ele está de acordo, ele mesmo está enterrando o morto. É um rito de luto, que significa: "Eu concordo com a morte". Parecemos sadios quando enterramos alguém e jogamos uma pá de terra em cima dele: "Sim, estou de acordo", quando, ao contrário, a pessoa que ama teria dito: "Não o enterrem!". De certa forma obrigam-se as pessoas a fazerem um rito de concordância com um destino que lhes é cruel.

E muitas vezes isso aparece em sonhos com as pessoas sendo responsáveis pela morte, devido ao seu comportamento. E, no caso das crianças, isso se expressa em sonho desta forma: "Foi por minha causa". É o desejo de ter o poder mágico de ter controle sobre a vida, porque a morte também é a vida, não existe vida sem morte, não há morte sem vida. É algo que se passa no nosso inconsciente, que quer ter poder sobre os fenômenos da vida e da morte, que gostaria de, pelo menos, ser seu senhor. Eis uma das explicações para esses sonhos muito dolorosos, em que se tem a impressão de ser causador da morte das pessoas mais amadas. É justamente por causa do sofrimento devido a uma desgraça inesperada que o destino nos impingiu, e essa impotência é tão dolorosa que o sonho tenta superá-la dizendo: "Não, não, foi você quem quis, você está de acordo com isso".

É assim que se deverá tranquilizar essas duas meninas de doze e de nove anos. A única coisa que se lhes pode dizer é que ninguém sabia que aquela menininha tinha terminado sua vida, que se tinha a impressão de que ela morrera por causa de um acidente, mas que, em realidade, em seu corpo ela já encerrara sua vida. Isto quer dizer que não sabemos o que isso significa em relação ao ser. Todas as religiões respondem a esse problema de uma ou de outra maneira. De acordo com sua fé, os pais darão a sua resposta em relação ao pós-vida. Mas é tudo o que se pode dizer. Diante de uma desgraça, todos estão diante da mesma provação, cada um a exprime de uma forma diferente. É importante que as crianças, se perguntarem sobre isso, possam discuti-lo.

Outra maneira de fazer o luto é apropriar-se das coisas do outro. Não se deve impedir que as crianças escolham o que querem guardar do irmão ou irmã; portanto, não se deve dizer: "Não, não, vocês não podem pegar as coisas de sua irmã, seu irmão", como se estivesse querendo se aproveitar. Ao contrário, se os sobreviventes podem tirar proveito dos objetos que pertenceram a essa criança falecida, e que eles invejavam, deve-se felicitá-los por isso: "Ela está um pouco menos morta porque você pode brincar com as coisas que eram dela" ou "porque você gosta das coisas que eram dela". Deve-se apoiá-los nessa incorporação dos objetos parciais, que faziam parte da alegria de sua irmã morta.

Tudo isso deve surpreender vocês porque contraria um pouco a ideia de que isso seria uma coisa condenável: "Ah, não, isso era dela, vamos dar para alguém, você não pode brincar com isso". É um grande erro. Talvez o pai ou a mãe se sintam um pouco incomodados ao verem a morte de uma criança trazendo "vantagens" para as outras. Mas é exatamente assim que acontece no mundo dos adultos: ele perde os parentes que lhe são caros, mas recebe uma herança (a menos que não se goste do morto, caso em que a morte é indiferente ou traz alívio). Quando é o caso dos próprios pais, se desejaria que estivessem vivos; isso não impede que a pessoa se sinta satisfeita pelo fato de ter recebido bens, que significa meios de viver um pouco melhor do ponto de vista material.

Fica-se contente com isso, e agradece-se a eles, para além da morte, por poder desfrutar da herança que deixaram. Por que não? Os objetos são, às vezes, portadores de amor.

É exatamente a mesma coisa no caso das crianças, quando um irmão ou irmã morre: eles dividem entre si o que ele ou ela deixou para que as coisas continuem a dar prazer aos vivos, e eles as usam para sustentar a evolução e o jogo de suas pulsões. A vida continua.

PERGUNTA: *Considerando o pouco tempo que passam em contato com a família, e a relutância dos pais em falar da separação, qual deve ser a atitude dos assistentes sociais encarregados de coletar dados, em caso de divórcio, a fim de dar um parecer sobre a guarda das crianças?*

F.D.: Os assistentes sociais são encarregados de quê? De coletar esses dados, a pedido do juiz?

RESPOSTA: *Sim.*

F.D.: As crianças veem uma pessoa estranha que vem à família, e que não diz o que veio fazer?

RESPOSTA: *Nem sempre.*

F.D.: Pois bem, é um erro. Com que direito ela vem espionar em uma família se ela não é encarregada por alguém que tem esse direito, sendo paga para servir tanto à justiça quanto à família e a cada um dos seus membros?

É preciso dizer aos pais: "Sou paga pelo juiz para coletar dados". E à criança: "Você não sabe o que é um juiz. Juiz é uma pessoa que decide coisas muito importantes. Seus pais estão tendo grandes problemas entre eles, e eles pensam que talvez devam se separar. Isso que eles talvez façam se chama divórcio. Quando há um divórcio é o juiz que tem que decidir, juntamente com os pais, com quem as crianças vão ficar, em casa de qual dos dois, a maior parte do tempo. (Porque não se deve dizer a 'guarda', mas a 'maior parte do tempo' e o 'resto do tempo'.) O juiz me paga para que eu chegue a uma conclusão sobre isso. Se você tem uma opinião, pode me dizer, e eu só direi ao juiz que vai decidir sobre isso. Que é que você prefere: ficar neste apartamento, ir para outro lugar?".

Quase sempre, as crianças não dizem com quem querem ficar se não forem perguntadas. Quando são perguntadas, são obrigadas a dizer ou o pai ou a mãe, mas se se diz a elas: "Você quer ficar aqui, ou ir a outro lugar, mudar de escola?", e algumas dirão: "Sim, eu gostaria de mudar de escola". Bom. É isso que determinará que o tempo principal, o tempo escolar, será com um dos pais, o pai ou a mãe. A criança não disse com quem. Ela disse apenas que gostaria de mudar de escola. E isso quer dizer que o ambiente em que se encontra, em seu conjunto, não está lhe agradando. Se, ao contrário, ela diz que quer continuar em casa, e na mesma escola: "Bom, vamos ver se isso é possível com as decisões do juiz; você fez bem em me dizer". E é só. Mas não se pode deixar de dizer às crianças. Do contrário, não se tem o direito de interferir. E é preciso que se diga aos pais: "Não é verdade que a senhora sabia que eu vinha aqui hoje? E se não sabia, prepare seus filhos, avise-os, eu vou voltar daqui a oito dias". É muito importante não fazer essas coisas tão importantes de surpresa nem às escondidas.

Nós fizemos uma pesquisa num liceu, junto a rapazes e moças de no mínimo dezessete anos, filhos de pais divorciados. Foi uma coisa rocambolesca, porque a diretora, em lugar de explicar o que tínhamos ido fazer, isto é, coletar informações e pareceres daqueles que haviam sofrido com o divórcio de seus pais, disse-lhes: "Eles vêm conscientizá-los de seus direitos". Ora, nós tínhamos ido perguntar sobre o que mais os fez sofrer no divórcio, o que eles podiam nos dizer para ajudar as crianças com a mesma idade que eles tinham naquela época, e o que a sociedade pode fazer para que sofram menos, se isso for possível. Portanto, éramos nós que iríamos aprender, éramos nós a fazer perguntas[34].

Por isso, demorou para que os jovens compreendessem o sentido de nossa presença e de nossa pesquisa, mas aqueles que o compreenderam disseram coisas bastante interessantes para nós.

Éramos três a fazer essa pesquisa, de um lado num liceu com gente de classe média, e de outro num liceu do meio operário. Era interessante observar a diferença. No meio operário, o que mais fizera sofrer os jovens era a vergonha pelo fato de que o pai não tenha se mostrado responsável por eles, em relação aos outros cujos pais continuaram responsáveis, recebendo-os nos domingos, iniciando-os nas suas atividades de lazer, nas coisas interessantes de sua vida, embora eles morassem com a mãe. Além do mais, durante certo tempo, a mãe não queria que eles se encontrassem com o pai. O pai dissera: "Eu entendo sua mãe, mas eu mandava dinheiro. Ela lhe dizia isso? – Não. – Pois bem, eu mandava dinheiro, posso lhe garantir, e tenho o recibo dos depósitos. O juiz determinou que posso vê-lo. E sua mãe sabe disso".

Em suma, era a irresponsabilidade do pai que os chocava à medida que cresciam, e não o fato de que ele estivesse divorciado. Eles tinham sofrido pelo que a mãe lhes escondera. Ela não explicara que o pai enviava dinheiro todo mês. Ela não queria que as crianças fossem se encontrar com ele; o problema era com os parentes por afinidade. Com efeito, as histórias de divórcio são quase sempre histórias que envolvem os pais, histórias de ciúme ou de rivalidade entre as sogras, entre as avós, histórias em que a mãe do homem se intrometeu quando a nora ficou grávida, e ele fez uma regressão, um pouco chocado, por exemplo, de não ter o filho tal como queria, ou por ver sua mulher mudar.

É por ocasião de um nascimento, no momento de uma dificuldade com uma criança que, muitas vezes, a mãe de um ou de outro aproveita a oportunidade para fazer seu joguinho, e recuperar sua criança, que agora é pai ou mãe, para tentar fazer que se divorcie, e se apoderar dos netos.

Isso é muito frequente. Quase todos os filhos de divorciados viveram situações como essa e falam mais tarde das tensões com as avós ou entre as famílias de um ou de outro lado, muito mais que quando os pais voltam a se casar, não tendo mais ressentimento um do outro. O que marcou as crianças foi a dificuldade com a família paterna ou materna, o fato de que, quando estavam com eles, falava-se mal de um dos pais, claro que do outro, aquele que não pertencia à sua família.

Portanto, volto a insistir, as pessoas encarregadas pelo juiz devem dizer a que vieram, dizer o que estão fazendo, e se a criança não quiser responder, ela terá razão. Ela dirá: "Não, não quero dizer nada a você". Não insistam.

RESPOSTA: *Na minha pergunta, eu pensava em uma situação precisa em que a mãe disse diante da criança: "Sim, vai-se decidir para onde você irá, se você vai ficar comigo ou com seu pai, e, nesse último caso, eu não serei mais sua mamãe". Era uma coisa tão violenta...*

F.D.: Não, de forma alguma, ela estava coberta de razão: se a criança fosse morar com o pai, ela não seria mais sua mamãe, mas continuaria a ser sua mãe, aquela que deu à luz. Não se trata de forma alguma da mesma palavra. A criança continua a ter a mãe que a deu à luz, mas não a mesma mamãe, pois ela estará com a "cara-metade" de seu pai. Ela terá como mamãe a "cara-metade" de papai, mas sua mãe continua sendo sua mãe de nascimento e sua mamãe de outrora, sua mamãe de nenê. Ela terá uma mamãe de rapazinho ao lado de seu pai.

Pode-se ter trinta e seis mamães, assim como papais. De resto, há crianças que na escola dizem às suas professoras: "Eu tenho três papais". A professora não deve ficar desconcertada com isso, porque aquele que só tem um vai sentir inveja do outro que tem três. Basta dizer, então: "Ele tem três papais, mas só tem um pai de nascimento, como qualquer pessoa, e pode ser que não se conheça esse pai. Isso acontece, há alguns de nós que não conhecem o pai de nascimento. Mas eles sempre conheceram um papai, ou um pretenso papai".

A palavra "papai" é uma palavra que designa um papel, que não se aplica de forma alguma à realidade, legal ou genética. Há pais que cuidam de seu filho, porque ficam em casa enquanto a mãe sai de manhã e volta à noite; há pais que são babás de seus bebês, porque trabalham em casa, estão desempregados ou porque estão preparando sua tese, enquanto a mulher é obrigada a trabalhar fora – tivemos muitos desses casos na *Maison Verte*; pois bem, esses pais são chamados de "mamãe" pelos filhos, que chamam as mães de "papai".

Na época em que eu falava no rádio[35] – não sei qual teria sido o assunto do programa anterior – três pais me escreveram, na mesma semana, preocupados, dizendo: "Sou eu quem cuida do bebê e, agora que ele está falando, é impossível fazê-lo me chamar de papai, ele me chama de mamãe, e ele chama sua mãe de papai". Escrevi aos três dizendo: "Pergunte a seu filho, menina ou menino, quem é o homem, quem é a mulher". E aí, não havia erro: "papai" era a mulher e "mamãe" era o homem.

É um papel: mam-mã quer dizer que vem em mim para me fazer eu. É mole, mam-mã é o alimento, isso passa no tubo digestivo, é maleável, ao passo que pa-pa é a dureza da partida, e a tristeza pelo fato de que essa pessoa se vá e volte; é algo duro, a partida, e isso em todas as línguas. A palavra "papai" quer dizer a pessoa a quem se ama e que vai, que volta (há uma ruptura), ao passo que "mamãe" é o *continuum*. Mas o pai de nascimento é um homem, a mãe de nascimento é uma mulher, e nem sempre é uma mamãe. Muitas mães de nascimento não são mamães, e muitas mamães são mais maternais que mães de nascimento. Elas assumem a função de mamãe, porque cuidam da criança[36].

A gente às vezes ouve alguém dizer: "Mas essa mulher aí não é uma mãe!". Esse raciocínio é completamente idiota: ela é a mãe da criança, é aquela que lhe é indispensável; é ela que é bondosa para com a criança. Esses que falam assim se enganam; isso acontece porque eles têm registro de quando eram pequenos, suas mães eram diferentes. A mãe é coexistencial a seu filho. Essa mãe de nascimento é como é. Ela pode não ser uma mamãe. De resto, é verdade que existem mães de nascimento que não são mamães de zero aos três anos, e que se tornam excelentes mamães para as crianças de três a oito anos. As pessoas não têm a mesma competência para todas as idades de crianças!

É preciso que vocês tenham presente esse vocabulário que, para as crianças, é muito claro. Qualquer mulher que dá comida quando se pede é uma mamãe. Qualquer um que cuida de você com delicadeza é uma mamãe. Mas a mãe de nascimento é uma coisa completamente diferente. As crianças sabem muito bem que só têm uma, e o mesmo acontece com o pai de nascimento. Sejam como forem, ambos são respeitáveis, bem como sua vida.

É isso que se deve responder a essas crianças quando a mãe diz: "Você vai mudar de mamãe". Trata-se de uma chantagem para que a criança fique com ela. Deve-se dizer: "Não ligue para o que sua mãe diz, ela sempre vai ser sua mãe, só se tem uma mãe, mesmo que você mude de mamãe, se seu pai tiver outras mulheres".

Quando se fala assim, a criança entende imediatamente e consola sua mãe. Ela diz: "Sabe, eu quero ficar com meu pai, mas isso não quer dizer que vou esquecer você". Sua mãe chora muito. Mas é realmente uma pena que as crianças que querem ficar com o pai, e o pai também o deseja, tenham que ficar com a mãe, a partir de cinco anos, principalmente quando se trata de um menino. Mesmo a menina, se o pai vive com uma mulher. O importante, para a criança, é continuar a vida social onde estava. Na verdade, a criança precisa continuar no lugar em que tinha começado a sua vida social. Quando os dois pais vão a lugares diferentes, é antes o menino com o pai, para aprender a viver como homem, e a filha com a mãe, para aprender a viver como mulher, principalmente se os dois pais podem constituir novos casais. Ficar com alguém que não forma um novo casal é perigoso para uma criança.

Tudo isso está em contradição com a lei pois, para ela, quando os pais estão se separando, incorre em erro o cônjuge que passeia com o filho e com um parceiro eventual, uma amante enfim, ou um amante. É estúpido porque a criança está muito mais segura com um homem que tem uma mulher ou com uma mulher que tem um homem. A lei contraria o que é bom para a criança[37].

É preciso ter uma expressão para dizer à criança, quando o pai divorciado tem uma mulher, e que com ela forma um casal sem ser marido. Deve-se dizer "uma noiva". As crianças compreendem palavras que têm um significado. É uma noiva. Então, como é uma noiva, ela perdoa que se beijem, que durmam juntos, que se tratem com intimidade, que andem de braços dados; mas se não é noiva: "Por que ela fica agindo como se fosse mulher de meu papai?". Noiva, sim. E se ele muda a cada quinze dias: "Papai vive mudando de noiva".

PERGUNTA: *As pessoas que trabalham com inseminação artificial partem do princípio, bem aceito, de que a criança nunca deve saber disso. O que acha disso?*

F.D.: E o que essas pessoas pensam que deve ser dito à criança se ela perguntar?

RESPOSTA: *Que ela é filha do marido da mulher. Na França, a inseminação artificial com doador só é feita com casais casados, mas não é certo que continue a ser assim.*

F.D.: Ah, sim, você está falando de casais casados. Claro que existe só um pai, o pai legal. A gestante já é mãe durante nove meses, mas o pai pelo tempo de um segundo, da inseminação, não é um pai. Ele é o irmão humano do pai legal, pois deu seu esperma para esse pai. Em todo caso, se a criança nasceu, isso prova que ela quis nascer nessa circunstância. Ela nem tem condições de saber. Ela escolheu nascer nessa condição em que já havia um pai legal que a desejava mesmo antes do nascimento, e uma mãe legal, fisicamente estéril, que a desejava, no amor por seu cônjuge.

A verdade é que ela é filha do pai e da mãe, que desejou essa criança do pai legal, de seu marido, e que, com a autorização dele, recebeu o esperma de outro.

Eu acho que, se ninguém sabe, é possível, mas se alguém do círculo familiar sabe, a criança terminará por saber, por má intenção, porque sempre haverá inveja, principalmente se a criança é bem-sucedida na vida. Se a criança não for tão bem-sucedida, ninguém vai lhe dizer, mas em caso contrário haverá quem tenha inveja e lhe conte. É em vista disso que, no dia em que a criança ouvir alguém dizer, e perguntar sobre isso, é melhor responder: "Já que você me pergunta, sim, e você vê a generosidade do doador de esperma e a generosidade de seu pai que, sendo estéril, autorizou, para não frustrar o desejo da sua mãe de ter um filho, que ela pudesse ter um. E foi você que nasceu. Você poderia não ter nascido. Se você nasceu, é porque estava de acordo com tudo isso". Não se deve mentir se a criança desconfia de alguma coisa e pergunta. Pode-se explicar-lhe. Quanto a lhe dizer... É o círculo dos parentes mais próximos que conta. Se ninguém o sabe...

RESPOSTA: *O pai e a mãe o sabem. Portanto eles convivem com isso.*

F.D.: De forma alguma! E a coisa se passa de tal forma que existem até pais que, tendo adotado crianças, esquecem completamente que as adotaram. Quando se tem filhos, tem-se a impressão de tê-los tido sempre, desde que se tem lembrança de estar com o marido. É um fenômeno muito curioso: é preciso tentar lembrar as datas para se certificar de que realmente a criança não existia em certa época. Todos temos nossas lembranças e nossa vivência que são incluídas em nossa descendência. Vocês nunca observaram esse processo curioso de nossa vida imaginária? É uma coisa bastante comum: tem-se muita dificuldade, é preciso situar o fato no ano, pelo fato de sermos, sem o saber, pai e mãe de nossos filhos bem antes de eles terem nascido.

    O mesmo ocorre com a criança adotada: os pais a esperam e muitas vezes, bem antes de tê-la, já são pais, pelo desejo. Acho que os pais esquecem-se disso quando tudo dá certo com a criança, principalmente quando ela foi adotada já nos primeiros dias de vida, ou adotada antes dos primeiros dias da vida fetal, como é o caso de um pai com uma mãe que recebe o ovo, ou um pai do feto de um outro homem com sua mulher, doador de esperma ou amante.

O pai só é pai a partir do momento em que a criança nasce. Não é de modo algum o ato sexual que faz que um homem seja pai. Um homem deseja dar um filho a sua esposa para fazê-la feliz, e é por isso que autoriza uma inseminação artificial, ou reconhece o filho de sua mulher concebido com um amante. É importante porque, como a criança talvez vá saber que seu pai é estéril, é preciso que ela, criança, saiba a diferença entre estéril e impotente. E isso não é claro para as crianças, porque elas pensam que se os pais têm três filhos, fizeram amor três vezes. É preciso lhes explicar que não é assim, que eles fazem amor quase todos os dias mas que, de tempos em tempos, uma criança é concebida, e os pais por três vezes quiseram que nascesse uma criança.

Mas o dia em que descobrem terem sido adotados pelos pais, as crianças podem ver nisso a prova de que eles são infecundos e impotentes, que eles não têm relações sexuais. E é preciso explicar isso às crianças: eles têm relações sexuais, mas essas não resultaram em filhos; nenhuma criança quis nascer de sua união sexual. É isso que devemos lhes dizer. As crianças compreendem perfeitamente essa palavra, que é casta, e que exprime muito bem o que quer dizer.

Depois dessa troca sobre a inseminação artificial, eu gostaria de voltar a falar sobre a pesquisa com filhos de pais divorciados.

No que diz respeito aos de classe média, o problema surgiu da brusca mudança do padrão de vida da mãe, que ficou com a guarda dos filhos. Não tendo aprendido nenhuma profissão, teve que aceitar um trabalho desonroso em relação ao seu nível social, porque precisava viver. De repente, as crianças que ficaram com ela não desfrutavam mais de sua companhia como antes, pois passou a trabalhar fora, e foi isso o que constituiu o problema. Para algumas crianças, isso significou a impossibilidade de continuar os estudos a longo prazo, pelo fato de que a mãe não tinha dinheiro para custeá-los e o pai, em plena crise da meia-idade, fora embora justamente porque seu filho ou sua filha estava na fase da adolescência, o que fez renascer nele os desejos de adolescente.

É esse o problema dos divórcios naquela idade. Na classe média, em geral é isso que ocorre. É a degradação da mãe divorciada, obrigada a aceitar um trabalho para a mera subsistência – pois não tinha nenhuma preparação para outro, ou porque largara o emprego para cuidar dos filhos, de comum acordo com o marido, que arcava com as despesas. E, do dia para a noite, se viu sem meios para viver sozinha, com o encargo de educar filhos já grandes.

PERGUNTA: *A senhora poderia retomar aquela afirmação de que é perigoso para a criança viver com o pai ou a mãe que não voltou a constituir um novo casal?*

F.D.: Sim, porque a criança imagina, como toda criança pequena, que cabe a ela consolar e substituir o vazio da vida afetiva e sexual do pai (ou mãe) que fica como viúvo, coisa que ele não é de forma alguma, porque é divorciado e pode muito bem refazer a sua vida. Mas a criança sente que o pai ou a mãe se sacrifica por ela (é isso o que eles dizem); e é dramático para a criança. Na verdade, ele não se sacrifica de modo algum; ele justifica seu estado depressivo de adulto dizendo: "Eu quis me sacrificar, eu não quis aborrecer meus filhos".

Há mães que dizem: "O que vocês acham de eu me casar de novo?".

– Eu nunca mais vou olhar para você!

– Tá bom, tá bom.

De pronto, elas assumem o papel de uma religiosa secularizada para não magoar os filhos, mas quando sentem que

Tudo é linguagem 109

é o momento de retomar sua vida de mulher, é também o momento de "traumatizar" as crianças dizendo-lhes: "Escutem, está tudo bem, mas eu não sou criança; na minha idade, temos necessidade de fazer um homem feliz; o homem tem necessidade de uma mulher, a mulher tem necessidade de um homem. Se vocês não estão satisfeitos, vamos dar um jeito de pagar um bom colégio interno". E é só isso.

De resto, se as crianças tiverem a sorte de encontrar um médico inteligente, é assim que falará: "Sabe, você não é obrigada a ficar com sua mãe se ela casa novamente, existem internatos".

– Ah, mas eu prefiro ficar com ela.

– Nesse caso, trate de ser agradável, de ficar em silêncio. Pode me procurar quando alguma coisa não estiver dando certo em sua relação com seu padrasto; e se você quiser passar a viver com seu pai, que já casou de novo e vai ter um bebê...

– Hum, não é bem isso que quero.

– Bem, então fique calma, pode me procurar e então a gente vê isso – etc.

Nesse caso, a pessoa próxima pode fazer muito. Não se deve deixar a criança fazer o jogo da regressão de modo que a mãe se sinta culpada de "causar sofrimento a essas pobres crianças", pelo fato de unir-se a um homem; porque, dentro de dez anos, isso custará muito caro às crianças. Vimos crianças de classe média que diziam, por exemplo: "Não vou deixar a minha mãe. Vou conseguir um trabalho que não me obrigue a abandoná-la porque, coitada, o tanto que ela fez por nós!". Ou: "Se eu tiver uma profissão posso sustentá-la, nada de me casar, os homens são todos uns canalhas!".

Vê-se, assim, nas crianças de classe média, mas não nas crianças dos meios operários, esses efeitos culpabilizantes na segunda geração.

RESPOSTA: *Acho que essa sobrecarga afetiva de que a senhora fala no caso do pai que fica sozinho pode ser evitada* sem ser por uma relação de casal, isto é, pela partilha do "eu" cotidiano. O que é importante é que a criança sinta que sua mãe tem outras ocupações, mesmo que não se ocupe com outro parceiro, que ela não se "sacrificou" por ele.

F.D.: Claro, mesmo que não se pretenda constituir nova família, que ela tenha sua vida com pessoas de sua geração, e que a criança faça parte de sua vida, mas não a monopolize.

PERGUNTA: *Que posso dizer a uma criança hemiplégica que tem crises na sessão de terapia?*

F.D.: Isto se chama supervisão, isso que você está me pedindo, e não podemos fazer isso aqui. Além do mais, não se é obrigado a fazer supervisão de forma muito regular; quando se tem uma dificuldade com uma criança em psicoterapia, pode-se procurar um psicanalista para resolver o problema específico, duas ou três vezes, para melhor compreender a angústia que se sente no momento da crise da criança.

Acho que há certo perigo em falar do que a criança "faz". Falar do que essa menininha faz é como se existisse alguém que, durante todo o tempo, a estivesse observando e narrando com palavras o que ela faz. Uma psicoterapia não é isso. Psicoterapia é dizer: "Tudo o que você faz é para me dizer alguma coisa, e eu tento compreender". O importante não é o que ela faz na aparência, é o que ela nos diz através de seu comportamento. Se você procura um supervisor, ele ajudará você a compreender-se naquilo que faz que você saia da atitude de psicoterapeuta. Não se trata de falar de comportamentos aparentes da criança, trata-se de falar de seu desejo, de seu interesse em se comunicar com você. Do contrário, isso pode levar a uma tensão capaz de desembocar numa crise, porque, nesse caso, seu desejo não é mais de ouvi-la se perguntando sobre o que você está sentindo, chegando mesmo, talvez, a comunicar isso a ela. Não posso responder porque você não tem condições de me dar todos os seus elementos afetivos pessoais diante de um auditório. Trata-se do encontro do inconsciente da criança com o seu.

PERGUNTA: *Parece que, para a criança, dizer "[eu]"* é como uma luz.*

F.D.: É uma citação de Kant. E é verdade, quando a criança chega a dizer "[eu]", é preciso também saber o que quer dizer esse "[eu]". Se a criança diz "[eu]", pode dizer ainda: "[eu]-eu", mas ela não diz "[eu]-[eu]", porque muitas crianças, num país africano, por exemplo, dizem "[eu]" no lugar de sua mãe. Uns conhecidos meus que foram à África me disseram que os pequenos africanos, ou pelo menos os pertencentes às etnias que eles conheceram, não dizem nunca, como aqui, "Ziza" ou "Fulano" falando de si mesmos, eles dizem logo "[eu]", mas esse "[eu]" não se refere a eles, é "[eu]-minha mamãe" que falou, "[eu]" quando ainda eram fusionais, corpo a corpo, dia e noite antes de serem desmamados. Portanto, seu "[eu]" é fusional à mãe.

Deve-se desconfiar da palavra que quer dizer "[eu]" quando esse "[eu]" não é "[eu]-eu" separado da mãe, isto é,

---

....
* Em francês, existem dois pronomes pessoais da primeira pessoa (*Moi* e *Je*). *Je* tem a função exclusiva de sujeito, enquanto *Moi* pode ocupar tanto a função de sujeito quanto várias outras funções gramaticais.

Essa particularidade do francês foi explorada por Jacques Lacan para distinguir o sujeito do inconsciente, que ele situa no *Je*, o sujeito por excelência, do sujeito enquanto função imaginária, que ele situa no *Moi*.

Optamos por adotar a solução proposta por Marie-Christine Laznik Penot na Nota do tradutor 1 de *O seminário, Livro 2*, de Jacques Lacan, 2ª ed., Rio de Janeiro, Jorge Zahar Ed., 1987: traduzimos *je* por [eu] e *moi* por eu. (N. R. T.)

"[eu]-eu", não você. O que é muito diferente. É preciso entender isso. Aquele que diz "eu", mas com o verbo na segunda ou terceira pessoa, não diz "eu-[eu]", mas "eu-minha mamãe", eu-o outro (do qual faço parte).

PERGUNTA: *A senhora poderia nos dizer como se dá a passagem da terceira para a primeira pessoa gramatical?*

F.D.: Atenção para o seguinte. Jamais a criança fala de si mesma na terceira pessoa, isso é uma ilusão do adulto, ela fala de si mesma na segunda pessoa, e normalmente não se percebe isso. Quando ela diz: "eu faz isso, faz aquilo", ou quando fala no infinitivo "fazer isso", às vezes já é um começo de "eu". No infinitivo, já significa "eu-[eu]", não separado de todos os outros. "Eu-eu", todos os outros como eu. Mas quando ela diz: "Ziza não quer isso", é "Ziza, você não quer isso". Prova disso, como todos vocês que cuidam de crianças ou que acompanham o desenvolvimento delas já observaram, é que elas dizem "você quer", e isso quer dizer "eu quero". É que elas falam como o adulto lhes falaria para dizer que elas querem alguma coisa do desejo do adulto que está falando com elas. E quando elas falam de si mesmas, aparentemente na terceira pessoa aos nossos ouvidos acostumados com a gramática, na realidade estão falando de si mesmas na segunda pessoa, e a passagem da segunda pessoa ao "[eu]" não pode acontecer sem que eles digam primeiro "eu, eu, eu" repetido duas ou três vezes. É sempre: "eu-minha mamãe", ou "eu-meu papai", ou "eu-meu irmão", "eu-minha irmã", eu-um outro ao qual estou articulado como um duplo.

Depois, é "eu" sozinho, que se transforma em "[eu]", "eu, [eu]". A passagem é muito mediatizada. Elas chegam ao "eu" significando "[eu]" quando podem deixar de lado a pessoa tutelar que garante a sua identidade, para irem sozi-

nhas em direção a um outro qualquer, sem medo de perder sua segurança existencial.
Não posso explicitar aqui a diferença entre simbólico e imaginário na criança. Na criança, é o imaginário que leva ao simbólico, o imaginário sendo uma verdade para ela e para seu cúmplice, qualquer que seja este cúmplice: seu cachorro, seu gato, uma pessoa, seu brinquedo, seu cobertorzinho ou sua chupeta; e o simbólico é aquilo que é ela na verdade, juntamente com todos os outros, imersos na linguagem. É diferente do imaginário. Não posso, aqui, detalhar mais.

PERGUNTA: *A senhora faz psicanálise com crianças que ainda não têm linguagem...*

F.D.: ... Elas não têm a linguagem verbal para se exprimirem, mas têm uma linguagem, pois sem isso não se pode fazer psicanálise com crianças.

PERGUNTA: *Que valor têm as palavras em si mesmas para uma criança que não sabe falar?*

F.D.: Dizem-se muito poucas palavras a elas. A gente "está" com elas naquilo que fazem. Estar. As palavras são aquelas que nos exprimem a nós mesmos, de verdade, não palavras "ao seu alcance", mas palavras do vocabulário que são claras para nós.
Com os adultos, há sessões de análise que se passam em total silêncio. Com a criança também, há sessões de silêncio completo, um silêncio verbal, com uma enorme energia de comunicação[38].

PERGUNTA: *A coisa não se dá mais num nível de inconsciente para inconsciente?*

F.D.: Sim, totalmente. É no nível de inconsciente para inconsciente. A forma de olhar é linguagem. É uma troca de linguagem interpsíquica, o olhar.

PERGUNTA: *E tocar a criança?*

F.D.: Tatilmente? Não, não se deve nunca tocar a criança em psicoterapia psicanalítica; no âmbito da educação, sim. Deixar-se tocar por ela, mas explicando-lhe com palavras o significado que se percebe dessa iniciativa corporal da criança, que não pode ou não ousa dizer.

PERGUNTA: *E o recurso à entonação da voz?*

F.D.: Por que não, se se tem alguma coisa a dizer?

PERGUNTA: *Mais do que as próprias palavras?*

F.D.: Não, as palavras têm um sentido simbólico muito importante, mas não se é obrigado a falar o tempo todo. Uma das palavras simbólicas que têm muita importância é a afirmação: "Não, não é verdade". É uma palavra muito importante a dizer quando uma criança joga de algo falso. Dá para perceber perfeitamente quando a criança está em algo falso, ela fica dividida entre duas atitudes. Por exemplo, a criança que entra e logo quer sair. Dá para perceber que ela quer ao mesmo tempo ficar e ir embora. "Não é verdade que você não quer sair, mas é verdade que você não quer ficar." A criança tem as duas atitudes e é preciso fazê-la compreender sua própria ambivalência. Deve-se dizer-lhe: "Você quer e não quer ao mesmo tempo. É como se você fosse dois. Um que quer, outro que não quer". Isso acontece muito na vida, mesmo com os adultos. E a criança entende isso perfeitamente, ela se sente justificada em seu desejo contraditório.

Por exemplo, numa sessão de análise em que já se disse e já se fez muito pela criança, se, no meio de seu jogo, ela desiste e passa a outra coisa, pode-se dizer-lhe: "Você estava gostando do que estava fazendo. Tem-se a impressão de que isso fez você pensar em algo perigoso e por isso parou de fazer o que lhe dava prazer, e você passou para outra coisa". A criança entende isso muito bem, e isso já a partir dos oito, nove meses de idade.

Quando a criança ainda é bastante pequena, cabe à pessoa maternante presente à sessão tocá-la para explicar-lhe as palavras que lhe são ditas, por exemplo: "Com sua mão direita, com sua mão esquerda". E à maternante: "Mostre-lhe onde fica sua mão esquerda, mostre-lhe onde fica sua mão direita". Não é o analista que deve tocar a criança, isso deve ser feito pela pessoa habilitada a fazê-lo, mas que não soube lhe dar as informações relativas ao seu esquema corporal[39].

Nota-se que é por isso que essa criança não está adaptada ao nível de sua idade, porque seu esquema corporal deve lhe ser dado por alguém, a pessoa que cuida dela.

Não posso lhes dar todos os pormenores da psicoterapia com as crianças. Vocês têm razão: é algo de inconsciente a inconsciente, mas o psicanalista está lá para fazer o inconsciente advir ao pré-consciente e ao consciente, naquilo que prejudica a vida de relação da criança enquanto sujeito articulado a um corpo que, com o sujeito, se tornará seu Eu; mas isso deve passar pela comunicação com o outro que é seu Tu. Trata-se da pessoa tutelar que é atualmente ou está para ser seu primeiro "Tu de Mim" [*Toi à Moi*] como esse Tu, o Tu cotidiano estruturador da realidade, que não pode ser o terapeuta psicanalista.

PERGUNTA: *Os juízes devem pedir a opinião das crianças antes de determinar com quem fica a guarda das crianças?*

F.D.: Seria bom que alguém próximo ao juiz avisasse as crianças de que está sendo estudada a forma de separação de seus pais. Seria bom, principalmente agora que os pais escondem das crianças que vão se separar, e que muitas vezes eles não entram em disputa. Infelizmente, os juízes estão predispostos a assinar qualquer coisa quando os pais chegaram a um acordo amigável, com o mesmo advogado para os dois. Na verdade, eles chegaram a um acordo para se liberarem, e fizeram isso à custa das crianças, sem informá-las do que estavam vivendo e decidindo. E isso é muito grave.

Fizemos um trabalho considerável à época em que a Senhora Pelletier era ministra, encarregada de assuntos relacionados à família[40]. Por iniciativa sua, reuniu-se uma comissão de juízes, advogados, psicanalistas, sociólogos. Trabalhamos oito meses seguidos. Entramos em contato com todas as associações de pais divorciados e de mulheres abandonadas. Geralmente, no terceiro ou quarto filho, os homens abandonam suas mulheres; família é uma coisa muito cara! Eles vão embora e se furtam a qualquer compromisso material. É muito difícil para essas mulheres ficar assim sem dinheiro, com um marido que não cuida mais das crianças e que, sem endereço nem emprego fixo, é difícil contatar para assinar papéis relativos aos problemas legais da família.

Descobrimos situações de extremo desespero para as crianças. Essas mulheres recebem subvenções do Estado. Futuramente, isso pode induzir os meninos a se tornarem delinquentes, e as meninas prostitutas, como se para reabilitar o pai e não dar mais despesas à mãe. É muito importante reabilitar os pais que agiram mal, vivendo como eles. A criança sofreu por isso. E ela repete o mesmo comportamento. Para ela, fazer, por sua vez, alguma coisa irresponsável é uma forma de desculpabilizar o pai.

Acho que, de fato, o juiz deveria pedir a opinião das crianças. Em geral as crianças sabem muito bem *onde* (mais do que *com quem*) elas gostariam de viver, seja isso compatível ou não com o fato de ficar com o pai ou com a mãe, porque muitas crianças querem continuar na mesma casa, na mesma escola. Tenho certeza de que depois dos oito, nove anos, muitos preferem encontrar um abrigo no bairro que conhecem, para ficar na mesma escola e manter os mesmos companheiros e amigos. É muito melhor para as crianças, do ponto de vista social.

Mas a partilha do tempo é difícil. Pode-se pensar que quem fica com a guarda do filho é o cônjuge com mais merecimento. Isto não é, absolutamente, verdade: é aquele que tem mais estabilidade, às vezes aquele que tem mais dinheiro ou que tem uma família que o mantenha. Há muitas razões pelas quais um juiz decide confiar a guarda da criança a esse ou àquele cônjuge. Isso devia ser explicado à criança pelo próprio juiz, ou por alguém da parte dele, com ou sem a presença dos pais. Uma pessoa não pertencente à família explicaria muito melhor que não é nenhum valor ficar com a guarda, ou não ficar.

É um julgamento feito na tentativa de evitar o máximo de encrenca possível mas, de todo modo, é sempre uma solução quanto à vida prática que foi buscada pelo juiz, para não prejudicar ninguém e não dar razão a ninguém, embora o pai que fica com a guarda apresse-se muitas vezes em dizer que, dos dois, ele é o que tem maior merecimento aos olhos do juiz. A questão não é essa. Espera-se ter tomado a decisão capaz de propiciar mais estabilidade à criança. Mas é um falso problema, esse de ter a guarda. E além do mais, acho que os pais que têm a guarda, como se diz – isto é, o tempo principal da criança –, ficam muito menos tempo com elas que os que ficam com o tempo livre, os feriados e um mês das férias maiores. É nessas ocasiões que se educa melhor, não é de modo algum quando a criança está envolvida na sua vida social, a escola, o ritmo da escola e o dos pais que trabalham. Não se tem nem tempo de conversar, porque se está mergulhado na agitação do dia a dia. O momento em que se tem tempo de falar de coisas realmente importantes é quando pais e filhos estão com o tempo livre. Ter a guarda dos filhos para dizer "Eu é que sou o tal" ou "Eu é que sou a tal" não faz sentido. Mas serão necessárias décadas para que as pessoas entendam isso!

Ninguém está errado num divórcio: é uma desgraça. Então, o mal menor é, muitas vezes, divorciar-se, em vez de ficar juntos sem amor, sem desejo, sem amizade, sem gostos nem interesses comuns.

PERGUNTA: *Quando as crianças estão com pais que não se entendem, mas que continuam juntos, que se deve dizer a elas?*

F.D.: Na minha opinião, é muito fácil. As crianças percebem que as coisas vão mal, mas não querem acreditar em sua intuição e observação. É preciso então que os pais, se possível juntos, expliquem a situação de desunião assumida e digam que eles deram um ao outro a liberdade de amar, de não voltar para casa à noite, de se ausentar. Eles não dormem mais juntos, no mesmo quarto; dormem em camas separadas. Isso deve ser explicado às crianças com palavras simples. Os pais não dormem mais juntos para não correrem o risco de terem um filho. Eles não se amam mais a ponto de acharem que fizeram bem no dia em que ficaram noivos e no dia em que se casaram. Ou ainda, uma outra forma possível: "Seu pai e sua mãe não se amam mais, mas nenhum de nós dois lamenta o seu nascimento".

As crianças compreendem as pessoas que se amam, assim como as pessoas separadas, mas é preciso exprimi-lo em palavras: "Eles não querem mais dormir juntos porque, quando os adultos dormem juntos, pode acontecer que nasça um filho de sua união sexual. Eles não querem mais ser, juntos, pai e mãe de uma criança". O que é verdade na realidade carnal o é mais ainda no plano imaginário e simbólico. "Seu pai talvez se torne pai com outra mulher. Quanto a mim, agora que não nos amamos mais, seu pai me deixou livre para me relacionar com outros homens. Talvez um dia, se eu encontrar outro homem, e ele outra mulher, haja um irmãozinho, ou uma irmãzinha, mas então eu lhe direi, não se preocupe com isso. Eu sempre serei sua mãe, e ele seu pai."

É assim que se pode falar às crianças, de forma verdadeira e clara, sobre os próprios projetos. Um casal desunido torna-se, assim, aberto. Cada um tem a sua vida, sem o cônjuge (legítimo ou não), cada um portanto está potencialmente em seu projeto, que se realizará ou não. É que, para toda criança, um casal encontra-se num projeto de procriação, ou tem projetos de criação conjunta, de que o nascimento de uma criança é um caso particular: a procriação é um caso particular de criação. Os pais que não se entendem mais não compartilham mais um projeto de procriação, mas podem, por interesses pecuniários, ser obrigados a viver juntos, administrar a mesma loja, trabalhar na mesma empresa. É necessário dizer claramente às crianças: eles não se amam mais, mas continuam juntos no mesmo negócio, eles não romperam completamente. Eles não querem se divorciar, mas não se amam mais a ponto de correrem o risco de fazer outro filho. Pode-se dizer isto: "É por isso que de vez em quando sua mãe se encontra com um homem, é normal que uma mulher queira fazer um homem feliz, inclusive na cama, e a mesma coisa acontece com um pai, em relação a uma mulher".

Quanta encrenca com as crianças, não só no divórcio mas também quando, por exemplo, um homem fica viúvo e volta a casar. A filha de dezesseis anos não aceita que o pai por assim dizer "traia" a mãe defunta casando novamente. Rixas para o resto da vida entre o pai e as filhas e filhos tiveram origem num novo casamento do pai ou no concubinato notório do pai, depois de ter ficado viúvo. Isso causa desgastes terríveis porque o pai não disse claramente a cada um deles: "Sabe, sua mãe morreu, mas isso não é motivo para que eu me anule em relação às mulheres. Você não pode ser minha mulher, gosto de você como minha filha (ou meu filho), mas para mim é normal querer reconstruir um lar". Há jovens que acham realmente que seu pai é "delinquente" por se casar um ou dois anos depois da morte de sua mãe. Não estava ela dando conta do trabalho da casa da mesma forma que a mãe, cuidando também dos irmãos e irmãs mais novos? Não havia nenhuma necessidade nem motivo para ele arranjar outra mulher.

Tendo permanecido pueris, educadas por uma mãe que nos últimos anos estava enferma, essas moças, ignorando os desejos sexuais, são presas de termos ambíguos: "A gente se ama, então a gente fica junto", sem ter ideia das motivações adultas genitais na busca do outro. Sem saber dizer expressamente, sem representação claramente incestuosa, elas gostariam que seu pai vivesse como um monge, porque mamãe morreu. Cuidar do pai a vida inteira, um pai casto que se comprouvesse com a boa cozinha de sua filha e o amor que ela lhe dedica.

Estou lembrando de uma jovem que rompeu com o pai porque ele voltou a se casar. Ela fugiu. Seu pai lhe disse: "Escute, fique aqui, esta mulher (sua nova esposa) não vai comer você; você está terminando seu curso profissionalizante, depois você pode ir, eu ajudo você, mas não atrapalhe seus estudos, que já estão no fim, por causa disso. Ela não cuida da casa tão bem quanto você, que aprendeu com sua mãe, mas para mim é suficiente. Você não precisa estragar sua vida por causa disso". De nada adiantou: ela foi para a casa de uma irmã mais velha, casada. Naturalmente, aconteceu o que tinha que acontecer. A irmã tivera um bebê havia pouco tempo, e o marido de sua irmã disse: "Sabe, eu estou me aborrecendo, sua irmã está sempre tão ocupada, quem sabe você não quer vir para a cama comigo". Então, totalmente desorientada, ela saiu da casa da irmã, porque seu cunhado era um "canalha", e ela pensava que era um homem muito educado. Era uma criança que não sabia se defender: ignorante em termos de sexualidade. Isso teve como consequência uma vida fracassada durante os dez anos que se seguiram a esses fatos.

Como vocês estão vendo, é um fracasso devido à educação, é um fracasso da fala educativa das pessoas próximas, na falta da fala do pai no momento oportuno, que no início de sua viuvez deixou que se instalasse uma situação ambígua.

Essa mulher me escreveu toda a sua história, e falei com ela ao telefone. Não passava de um bebê. Naturalmente, depois de alguns anos de isolamento, ela foi cortejada e veio a casar. Foi uma coisa dramática. Não sabendo o que fazer, quando, depois de alguns meses de noivado bem-comportado, o noivo também quis fazer o que seu pai fazia com uma senhora e o que seu cunhado queria fazer com ela, ela disse: "Quer dizer então que você não me ama, que é um mulherengo?", sendo que eles estavam a poucas semanas do casamento. E na vida conjugal, anos de convivência insatisfatória. E só agora que sua filha tem dez anos de idade, descobre que ela própria não passa de uma criança de dez anos. Completamente transtornada por ver sua filha interessar-se pelos meninos, ela se pergunta se a filha não tem alguma perversão; foi por isso que ela me telefonou.

Estamos diante de uma situação decorrente de uma infância traumatizada: a mãe, fisiologicamente deficiente desde a época da puberdade dessa filha, não pôde fazê-la aceitar que o pai, depois de sua morte, casasse novamente, sendo que ela, filha, teria que viver a sua própria vida etc. A mãe não a preparara para isso. E a filha soube depois que sua mãe já estava doente havia quatro anos, de uma doença que não perdoava; mas ninguém lhe contara.

PERGUNTA: *Deve-se contar às crianças, no caso de seu pai ou sua mãe ter uma doença muito grave?*

F.D.: Claro que se deve contar, e se deve também prepará-las para sua morte eventual ou provável. É preciso fazê-los amadurecerem. Eles têm esse destino, é preciso que saibam assumi-lo. "Sua mãe está com uma doença muito grave; esperamos poder curá-la, mas não é certo que consigamos. Aproveite esse tempo em que você ainda tem sua mãe para saber dela tudo o que uma moça deve saber, e diga-lhe que você sabe que ela está doente. Fale com ela." As mães ficam muito aliviadas quando sabem que podem falar francamente sobre sua doença com o filho. Principalmente quando está para morrer, a mãe fica muito angustiada de não ter dado seu viático de mãe a sua filha, ou o pai a seu filho. É preciso ajudar a criança a se preparar e que haja aquelas conversas profundas sobre os desejos futuros, e o caminho que a mãe gostaria que a filha seguisse, que o pai gostaria que o filho seguisse, quando ele não existisse mais, e que ele se sinta orientado depois da morte por esse pai, ou por essa mãe, para conduzir a própria vida de forma a não contrariar o desejo daquele ou daquela que, infelizmente, morreu antes que o menino ou menina se tornasse mocinho ou mocinha.

Essa mulher de que lhes falava guardou, como marca do desejo de sua mãe, o fato de continuar sendo uma criança ignorante das coisas da vida, embora seja uma mulher muito inteligente, que passou pelos exames da escola profissionalizante, que tem uma situação muito boa. Mas ainda hoje ela não tem mais experiência que uma menininha. Sua filha de dez anos vai ultrapassá-la, e de uma forma desregrada, porque a mãe não terá sabido iniciá-la a tempo, com palavras.

Se agora essa jovem mulher buscar ajuda psicanalítica, sua filha vai encontrar segurança no lar de seus pais, e sobretudo vai se sentir no direito de amar seu pai porque, nesse caso, há a presença de um homem: "Ah, sabe", me diz a mãe, "vivemos como se estivéssemos separados, e castamente, salvo uma ou outra ocasião, porque eu não gosto muito da coisa". Mas o pai continua na casa. "Não quis ter outro filho, porque ter um já é uma coisa bem complicada." (Por que será? A menos que ela tenha ciúme de sua filha em relação ao marido?) Com certeza, se essa mulher fizer uma psicoterapia, logo ficará normal, e se tiver um segundo filho com o marido, que parece ser completamente normal, isso fará muito bem à filha, que não procurará o "desregramento", arriscando-se em experiências sexuais ou mesmo a uma gravidez precoce, sem possibilidade de assumi-la e sem constituir um casal.

PERGUNTA: *Que consequência pode ter, para a criança, iniciar a vida numa incubadora? O contato com a mãe todas as tardes é suficiente?*

F.D.: É suficiente, desde que a mãe, quando o filho estiver na incubadora, vá de fato vê-lo todos os dias. Se for possível que ela o amamente, é melhor ainda. Através da incubadora, no silêncio inquieto de uma incubadora, a criança intui a presença da mãe, sente a presença de alguém que direciona seu desejo para entrar em comunicação com ela. E, quando o bebê tiver saído da incubadora, a mãe deve dizer-lhe que eles estiveram separados por muito tempo, que ele estava numa incubadora, que sua mãe e seu pai sofreram a separação tanto quanto ele.

É a linguagem que faz a ponte entre as pessoas. Evidentemente, quando a criança é pequena, não é bom que a mãe tenha ficado muito tempo separada dela, do contrário ela não conseguirá estabelecer uma relação que crie um laço entre ela e a criança e vice-versa. As incubadoras e os quartos com aquecimento são bons começos para a vida, contanto que não haja separação total, mas ao contrário uma relação cotidiana de amor e de troca. Porque se a mãe retoma sua vida completamente e de repente lhe devolvem, dois meses depois, um bebê de que ela não precisa mais nem tem vontade, e que não a conhece, é um verdadeiro trauma para os dois, o bebê e a mãe.

É isso que vocês precisam entender, vocês que são assistentes sociais, enfermeiras etc. Vocês devem estimular as mães para que venham, ajudando-as, ficando ao lado delas um pouco porque, muitas vezes, elas se sentem deprimidas, frustradas de ver uma criança na incubadora com quem não sabem se comunicar. É preciso dizer-lhes: "Ela sente sua presença! Fale com ela que ela vai perceber". Como? Não sei, mas ela percebe.

PERGUNTA: *Como é possível que a criança entenda a linguagem?*

F.D.: Não sei, mas é verdade. E ela compreende todas as línguas. Se uma chinesa fala em chinês, uma árabe em árabe, e uma francesa em francês, ela entende. Ela compreende todas as línguas. Talvez intua o que se lhe quer dizer. Talvez seja a comunicação de um espírito a outro espírito. O entendimento acontece.

Na incubadora, a criança não ouve com os ouvidos físicos que sua mãe está lá, ela tem a percepção de uma presença outra, mas que é uma continuação dessa mesma presença quando estava no útero. A mãe do útero é sua mãe; a mãe que vem, por ela (criança) e por si mesma (mãe), amá-la quando ela está na incubadora, também é sua mãe. Um coração a coração, na falta de um corpo a corpo.

O que é preciso é ajudar essa mãe para que não se deprima. E esse trabalho cabe às pessoas relacionadas ao serviço; elas devem poder dizer: "Não se preocupe, é muito importante que você esteja aqui, mesmo que ela não a ouça; para ela, é sua mamãe que vem visitá-la todos os dias. Você vai ver: quando ela sair, se sentirá sua, e ficará muito feliz de estar mais perto de você" etc. E é verdade, mas muitas vezes, quando uma mãe sofre muito em vir visitar o filho na incubadora, dizem-lhe: "Escute, ele está muito bem, volte só daqui a alguns dias". As pessoas acham que é preferível poupá-la dessa prova, mas isto é muito ruim. É preciso que ela passe por isso e que seja ajudada, e que o laço simbólico com a criança se estabeleça, ainda que por trás dos vidros, apesar desse isolamento, porque é muito importante. A criança também sofre, mas não está sozinha. E é muito benéfico compartilhar a provação.

PERGUNTA: *O que a senhora acha da recomendação que se dá aos pais adotivos de dizer a seus filhos que não são os pais verdadeiros?*

F.D.: É uma pena que se lhes aconselhe a dizer isso porque eles são os verdadeiros pais. "Pais verdadeiros" não quer dizer nada. Existem verdadeiros pais genitores, verdadeiros pais legais. Todo mundo é pai verdadeiro de um jeito ou de outro. Mas há pais genitores que não são "verdadeiros" pais genitores, porque durante todo o tempo da gravidez, e até mesmo na ocasião do nascimento, rejeitaram a criança, recusaram-se a "conhecê-la" e a "reconhecê-la".

Deve-se usar a palavra "genitor". A criança compreende. Ela compreende bem "mamadeira", quando ainda não sabe o que é isso! Ela o saberá à força do uso da palavra, ela saberá que "mamadeira" é essa garrafa quente que tem um bico na ponta e que mata sua fome.

É preciso dizer às crianças as palavras precisas. A palavra "genitor", um dia elas entenderão o que significa. Nós dizemos as palavras às crianças bem antes que elas saibam o que há por trás delas. É muito importante[41]!

Nunca se deve dizer às crianças: "Estes não são seus verdadeiros pais"; mas sim: "Estes são seus pais adotivos, assim como você é o filho adotivo deles. Eles são como você: você é adotivo, eles são adotivos, portanto todos são verdadeiros parentes adotivos. Duas outras pessoas, que você não conhece, foram seus pais genitores. Você foi gerado por sua mãe de nascimento, que não pôde criá-lo, e deixou que fosse adotado; ela o pôs no mundo, forte e saudável, já que você sobreviveu à separação".

O importante é que os pais adotivos digam o quanto são reconhecidos aos pais genitores. É algo que faz falta. A partir do momento em que os pais adotivos fazem isso, a criança associa completamente seus pais, simbolicamente, a seus pais genitores. "Como sou reconhecido à sua mãe de ter posto você no mundo e de me ter dado a alegria de criar você, ainda que ela não tenha podido ficar com você, quaisquer que fossem os motivos, os quais desconheço, tampouco seu pai. De qualquer modo, que alegria eles nos deram de ter uma bela criança, e como eles deviam ser pessoas agradáveis, para que você seja tão agradável!"

Na pessoa dessa criança, são os pais genitores que os pais adotivos adotam, mas eles não o sabem; cabe às instituições que agenciam as adoções dizer a eles e dizer à criança quando a entregam aos adotantes[42].

A propósito disso, fui informada, por pais que me procuraram, sentindo-se completamente desconcertados, que a instituição que promovia adoções, depois de uma série de entrevistas, havia posto em dúvida seu desejo de adotar. Convenceram-nos de que na verdade eles não tinham nenhuma necessidade de adotar, e que eram um casal perfeitamente feliz sem isso. E quando os pais disseram: "Bem, vocês têm razão; com ou sem criança, somos muito felizes juntos", aconteceu que uma semana depois lhes anunciaram uma criança, quando àquela altura eles já não estavam mais querendo adotar. Mas a instituição tinha um desejo imperioso de fazê-los adotar, no mesmo dia, uma menininha!

Ora, são os pais que devem ter o desejo imperioso de adotar. Por que dissuadi-los sob pretexto de não sei que ideia que, um dia, entrou na cabeça das pessoas que agenciam as adoções dos outros, de que é preciso livrar os pais do desejo de adotar? Foi mostrado na televisão esse processo absurdo de "preparação psicológica para a adoção", senão eu não teria acreditado.

Aqueles pais estavam totalmente desconcertados. Eles tinham entendido que era muito difícil, que não lhes dariam nenhuma criança. Afinal de contas, eles já tinham se tornado padrinhos de duas crianças, filhas de amigos e conhecidos, eles se amavam muito e tinham tomado a decisão de continuar sendo um casal sem filhos. E foi a essa altura que lhes propuseram a adoção de uma criança! Eles ficaram arrasados. A mãe, completamente desorientada, me procurou, dizendo: "Agora não posso mais recusar, mas a essa altura já organizamos nossa vida com outra perspectiva, tanto nos convenceram de que não tínhamos necessidade de uma criança que já deixamos de esperar e de solicitar. E eis que nos mandam uma!".

Pretender que os pais não tenham mais necessidade de adotar, e então considerar que eles estão em condições de adotar, é uma coisa completamente maluca.

RESPOSTA: *Entretanto, pude constatar que essas crianças adotadas, às quais se fala dessa forma, não aceitavam, ao crescer, o fato de não ter pais "verdadeiros".*

F.D.: É evidente que, se se diz às crianças que elas não têm pais verdadeiros, então elas não são crianças verdadeiras. É como se lhes tivessem subtraído o direito de ter uma identidade.

RESPOSTA: *Elas não compreendem nem os problemas, nem o comportamento dos adultos.*

F.D.: Sim, elas não sabem que modelo adulto adotar. A coisa é muito diferente se seus pais adotivos as desejam e se as felicitam pelo sucesso, por meio delas, de seus pais genitores, sem os quais elas não teriam existido. "Uma vez que meus pais adotivos são gente muito boa, e, segundo eles dizem, meus genitores desconhecidos também são, eu também vou ser uma pessoa de bem, tenho uma identidade enraizada em dois casais, em vez de não ter identidade nenhuma."

PERGUNTA: *E se essas crianças se sentem diferentes ou em certa medida rejeitadas?*

F.D.: Claro que elas são diferentes. Todo mundo se sente diferente do vizinho. E quanto a se sentir rejeitada, pode ser que a criança tenha algo de paranoico, é possível, mas isso é porque foi adotada muito tarde, no momento do investimento dos valores anais. Se uma criança é treinada para a limpeza, ela acha que "cocô é uma coisa feia" ou que "é ruim fazer cocô na calça"; pois bem, quando ela é adotada, o berçário ou a família que a acolhe temporariamente, que a deixa para que possa ir para a casa de outra pessoa, se comporta como "rejeitadora". Será que essa família de acolhida não cuida dela como um cocô, e o mesmo não se dá com os adotantes, como coletores de cocô, quando não lhe revelam sua origem de criança concebida e gerada, e não "feita"? Sem essa revelação a criança guarda algo em si que é um núcleo paranoico.

"Como a família me tratou como cocô, eu sou um cocô, logo todos são maus", ou "Sou eu que sou mau"; quer dizer, para não se sentir desvalorizada, ela desvaloriza os outros.

Uma criança que em certa medida é rejeitada tem conflitos muito graves com seus pais, quer tenha sido concebida, quer adotada por esses pais que a rejeitam e que se tornam modelos fatalmente interiorizados.

Acontece de pais adotivos, pelo fato de serem estéreis, terem uma certa amargura que não foi suficientemente expressa. Isto faz que eles não expliquem à criança o quanto eles mesmos se sentiram rejeitados pela natureza, frustrados da alegria da natureza, por não terem podido gerar seus próprios filhos. Às vezes eles sentem, inconscientemente, um certo rancor contra os pais, a quem responsabilizam por terem sido excluídos do destino dos outros. "Os outros casais têm filhos, e nós não, isso não é justo!" A criança adotada nem sempre os cura disso.

Muitas vezes tive de analisar, em adultos que em criança tinham sido adotados, os efeitos de sua adoção, mal formulada no princípio. Como foi o caso de uma mulher a quem sua mãe adotiva mentira no passado, dizendo-lhe: "Ainda bem que você foi a última a nascer, sabe, eu já tinha tido seis abortos, e finalmente você nasceu...". E quando depois ela descobriu a verdade, que sua mãe nunca tinha tido aborto nenhum, era tarde demais para seu inconsciente. Ela mesma já havia tido três abortos sem razão orgânica para isso. Ela veio se analisar, a conselho dos ginecologistas que lhe disseram: "Não há nenhum motivo para você ter esses abortos, isso é coisa de sua cabeça. É melhor procurar um psicanalista".

Essa mulher ignorava que fora adotada. Ela amara um jovem. E às vésperas do noivado oficial seus pais revelaram a verdade ao noivo. Ele nunca mais a procurou. Ela sofreu tanto por ter sido abandonada pelo noivo que sua mãe foi obrigada a lhe explicar o motivo. Alguns anos depois, ela casou com um outro homem, mas não conseguia chegar ao fim da gravidez. Quanto à mãe adotiva – sua mãe –, desenvolveu um câncer pouco depois de ter tido que revelar aquela verdade à filha.

Foi à época em que fazia psicanálise que seu pai adotivo lhe disse: "Sua mãe nunca teve um só aborto; ela era completamente estéril; ela lhe disse isso, e não sei por que deixei que o fizesse". Mas na filha estava inscrito que para se tornar mãe era preciso ter muitos abortos antes.

Isso quer dizer que esse problema de ser rejeitado pode ser antes o problema inconsciente dos pais adotivos, mais que das crianças que eles adotam. Acho que não se deve pensar que a fantasia de rejeição vem do fato de que se trata de crianças adotadas. Dizer (e acreditar) que não são pais verdadeiros significa que a criança não é um ser humano de verdade. É uma forma muito desajeitada de falar. As palavras são muito importantes, a precisão das palavras: "Você é nosso filho adotivo, assim como somos seus pais adotivos, nós somos exatamente iguais. Somos gratos a seus pais e à vida que nos permitiu conhecer você e amá-lo! Através de você, são os seus pais que honramos e amamos, quando nos dispomos a criar você".

Não podemos gostar de uma criança se sentimos hostilidade por seus pais. Às vezes ouvimos a mãe falar diante do filho adotado: "Que coisa mais triste!... Uma mãe que abandona o filho, que canalha!". É incrível que se fale assim, principalmente quando sabemos de histórias reais de mães que se viram obrigadas, pelas circunstâncias, a abandonar seus filhos. Que dor! Que tristeza!

E quase sempre, essas crianças adotivas, mais tarde, sentem como um dever inconsciente procurar seus pais de origem. Conheci muitos, e todos sentem que é seu dever: "Minha pobre mãe, deve ter uns setenta e seis anos, se eu pudesse fazer alguma coisa por ela, mas não sei onde ela está".

– Mas você pode tentar encontrá-la.
– Ah, é? Eu não sabia.
É dever da Assistência Pública dizer o que sabe de seus pais. Há atualmente uma Instituição que trata disso, ao passo que a Assistência Pública tinha o hábito abusivo de impedir as crianças de encontrar seus pais de origem. É um grande erro[43].
Quando pais e filhos se reencontram, a coisa se passa da forma mais tranquila. A mãe diz sempre a mesma coisa, e o pai também: "Não houve um dia em minha vida em que eu não tenha pensado em você".
– Gostaria que a gente se encontrasse novamente?
– Não, não vale a pena. Estou contente de ver que você é feliz.
E é só. Isso acontece na maior tranquilidade. E é uma paz extraordinária, inconsciente, essa do reencontro, de conhecer as circunstâncias que impediram essa mãe, ou esse pai, de assumir seu filho.
Conheço uma mulher que conseguiu descobrir o paradeiro de seu pai. Ele já estava morto há alguns anos mas, na aldeia onde ele morara depois de aposentado, todos os velhos sabiam que tinha uma filha de tantos anos, que ele deixara com a mãe. Ele falava disso todos os dias. Ela ficou feliz em ouvir: "Ah, a filha dele! Ah, ele falava tanto disso! Quer dizer que era você! Ele gostava tanto de você... Ele conhecera você, e dizia como tinha sido idiota" etc. A mulher ficou muito comovida ao ouvir aquilo. Eu lhe perguntei: "Será que isso mudou alguma coisa na sua relação com seus filhos?". Ela ficou muito surpresa com a minha pergunta. "É engraçado você perguntar isso." Era uma mulher feliz, que fizera estudos superiores e tinha uma vida plena. Tinha dois filhos e duas filhas. Ela me disse: "Engraçado você me dizer isso. Felizmente que sou bem casada porque meus filhos, havia momentos em que eu não sabia quem eles eram. De repente me

dava aquilo: 'Vá procurar seu pai, eu já não conheço mais você'. Depois eu dizia para mim mesma: 'Mas o que é que estou lhes dizendo?'. E depois que localizei o túmulo de meu pai, e que todos os velhos da aldeia me falaram sobre ele, isso nunca mais me aconteceu, nunca mais tive esses momentos de ausência em relação a meus filhos".
Se eu não lhe tivesse perguntado: "Será que isso mudou alguma coisa na sua relação com seus filhos?", ela não teria pensado em me dizer, porque é uma pessoa que não fez psicanálise. Mas nós sabemos que a relação com o primeiro homem de nossa vida deixa uma marca profunda e nós a reproduzimos na relação genética aos nossos filhos do mesmo sexo, nas filhas em relação à mãe e nos filhos em relação ao pai. E é muito importante.

PERGUNTA: *Essas crianças, adotadas nessas condições, têm muitas dificuldades na escola, na sua formação profissional, em sua autoaceitação como homem ou mulher. Elas se assumem de forma muito negativa, tornam-se delinquentes...*

F.D.: Isso não é uma coisa geral. Acho que isso está muito mais relacionado com a família adotiva e com a forma com que se lhes falou da adoção e de seus pais de origem do que com o fato de serem crianças adotadas.

RESPOSTA: *Fico inclinada a preconizar o silêncio sobre o seu nascimento.*

F.D.: O silêncio sobre o nascimento não mudaria nada no caso de crianças adotadas com quinze ou dezoito meses, ou mesmo com sete meses. Sete meses na verdade correspondem a nove mais sete, isto é, dezesseis meses de vida, e os meses que se seguem ao nascimento são muito importantes, quer tenham sido passados com uma cuidadeira, quer num berçário.

As crianças que foram criadas num berçário têm sempre o desejo de estar em outro lugar quando seus pais adotivos os superprotegem. Infelizmente, os pais adotivos nunca querem colocar os filhos em internatos, quando se trata de crianças que têm necessidade da coletividade, uma vez que sua mamãe era a coletividade (não estou falando da mãe de nascimento). E, às vezes, são crianças cujos últimos meses de gestação foram passados numa casa maternal – o que significa que a mãe grávida deles sentia-se segura na coletividade.

Elas ficam felizes quando se encontram no meio de um bando de crianças. Fogem de seus pais para ir brincar num terreno baldio, porque para se sentirem maternadas têm necessidade de uma coletividade, e não, de modo algum, de serem aduladas por um pai e uma mãe que fazem dela seu centro. Sua segurança está numa "mamãe-coletividade". E, com frequência, é pela adoção que elas são desritmadas em relação a esse desejo, que não é considerado normal. Com efeito, elas se tornam desritmadas em toda parte, e portanto delinquentes.

Acredito, ao contrário, que é a verdade que deve ser dita, mas dita como um algo que se deve a esse ser humano que, com estar vivo, demonstra bem seu desejo de assumir um corpo no momento da união fecundante. Acho que é uma grande vantagem ter sido adotado. É, aliás, com base nisso que faço a psicoterapia dessas crianças abandonadas[44], que ficam piradas nos berçários, porque não lhes disseram a verdade. Não lhes falaram sobre o grande feito que é o fato de ter sobrevivido ao abandono que teria sido fatal para outros. Isso mostra que eles passaram por uma prova extraordinária, e que têm uma grande solidez simbólica que honra seus pais genitores. Assegurá-las dessa força com palavras é também propiciá-la simbolicamente. Mas é necessário que a pessoa que diz isso tenha credibilidade. As crianças abandonadas são fortes pelo fato de terem passado por uma prova, por terem sobrevivido a ela, e por terem consolado os pais (os pais adotivos) que também vinham sofrendo, há muito tempo, a sua própria dor.

Acho que essa questão sobre as crianças adotivas nos leva muito longe. O que é importante é a forma como lhes explicam a coisa, não se trata apenas de lhes dizer que eles têm uma origem diferente. Como o inconsciente o sabe, mais cedo ou mais tarde, ou quando eles se tornarem pais, essa omissão de informação vai resultar em catástrofe. Eles repetirão, como essa mulher que repetia o abandono dos próprios filhos no útero – pois acreditava ser necessário abortar antes, para ser uma verdadeira mãe – porque nunca soube, durante o período de sua juventude, que era filha adotiva. Ela só ficou sabendo aos vinte e um anos e somente depois de ter sido abandonada pelo noivo, que só ficou sabendo, também, no momento em que a pediu em casamento; ela o soube de uma forma traumatizante, humilhante para sua genitora, e portanto também para a sua genitude.

PERGUNTA: *Como a senhora explica a onda de entusiasmo que percorre o auditório quando a senhora relata casos?*

F.D.: Acredito que vocês se sintam contentes de ouvir a ilustração de conhecimentos do inconsciente, que são simplesmente uma abordagem da realidade de um outro ponto de vista, com um pouco de distanciamento, sendo que vocês pensavam que a psicanálise era alta filosofia. Não, é como a botânica, ela está presente até na menor folhinha de grama.

PERGUNTA: *Não seria útil, para uma criança que está inscrita na escola maternal e que a frequenta regularmente, que sua ausência, não importa de quanto tempo – um dia, uma semana –, não importa por que motivo, não passe des-*

percebida aos outros da classe? A ausência não deveria ser comentada para que ela se sinta integrada ao grupo?

F.D.: É uma questão interessante, que é muito bem resolvida na Suíça. Não sei se vocês sabem como eles resolvem isso lá. Há um encarregado dos ausentes. É um aposentado, uma espécie de cantoneiro. Vi isso certa ocasião em que estava na Suíça. Vi um homem muito gentil passeando com um grupo de crianças que saltitavam à sua volta. Ele falava e andava apoiado num cajado. Disseram que se tratava do cantoneiro encarregado dos que faltaram à escola. E acrescentaram: "Todo mundo quer faltar porque ele é formidável, ele conta histórias às crianças". Nas cidades, é a mesma coisa: há alguém, um empregado municipal, encarregado de ir ver os ausentes; ele vai atrás de notícias, porque é perto da escola. Ele vai a todas as casas saber o motivo da ausência. Se a criança faltou porque não queria ir, porque esperava o cantoneiro, vai com ele à escola, com a informação de que a mamãe estava doente, ou um outro motivo.

Se o cantoneiro volta com a resposta de que a criança está doente, a professora diz: "O coleguinha de vocês, fulano, está doente, quem vai amanhã ou depois de amanhã à casa dele saber como ele está?". Uma criança se encarrega de ir à casa do doente para saber notícias suas e lhe dizer ou pedir que lhe digam o que se está estudando na classe: "Leve isso para ele e diga-lhe que estudamos isso, fizemos aquilo". Mantém-se, assim, o vínculo com o ausente, mas isso é na Suíça. Na França, quando alguém falta, tanto melhor, é um a menos!

PERGUNTA: *A senhora pode voltar àquela afirmação já feita várias vezes de que a criança escolhe viver e nascer em sua família?*

F.D.: Trata-se de uma maneira sintética de dizer, é claro. A criança pode morrer. O fato de sobreviver indica que todos os dias ela retoma, enquanto sujeito, o contrato com o próprio corpo[45]. Viver é isso, é retomar a cada dia o desejo de sobreviver. O que quer dizer que têm de viver. Se não têm, é fácil resolver isso no começo da vida: enrolam a língua, sufocam e morrem. Se têm, sempre dão um jeito para continuar vivendo.

É isso que é extraordinário, há crianças que assumem as piores situações. Penso, por exemplo, nos filhos de pais que são carrascos dos filhos, causando-lhes contusões graves regularmente. Pois bem, essas crianças adoram os pais. Muitas vezes têm medo deles, mas ainda assim querem voltar a ficar com eles. "Mas se você volta para casa, eles vão bater em você novamente!".

– Sim... Assim mesmo, tanto pior!

E quando os recebemos acompanhados dos pais eles ficam absolutamente radiantes olhando a mãe falar: "O juiz tem que me devolver minha filha, não posso viver sem ela". A mãe está com outra criança. Se alguém pergunta a esta: "E o que é que você pensa de sua irmã voltar?".

– Comigo era a mesma coisa quando eu era pequeno, agora, sabe, pulo a janela e vou embora, eu tenho um AMO[46]; então, quando ela começa a me bater eu vou ao meu AMO; eu já sou grande. Tenho sete anos. Antes, quando eu era pequeno, acontecia o mesmo comigo. Mas ela é minha mãe!

– E o que você acha de devolverem sua irmã à sua mãe?

– Bom, vai começar tudo de novo!

– Vai começar o quê?

– Bem, minha mãe vai bater nela, não consegue mais parar, então quebra alguma coisa e tem que ir ao hospital...!

Aí está. Essa criança, muito inteligente, veio com os cabelos tingidos de duas cores, e com as unhas com esmalte preto e vermelho.

"Que é isso? Você parece uma verdadeira caricatura!"

– É minha mãe, que é que posso fazer?
– Sua mãe?
– Ela testa seus esmaltes e suas tinturas de cabelo em mim. Que se pode fazer? As mulheres... Pelo menos, enquanto está fazendo isso, ela fica contente, não bate em mim, coitada!

Uma criança maravilhosa, sete anos de idade, filho de um magrebino e de uma mulher rechonchuda e loira, mais loira impossível. Vocês já sabem o quanto as pessoas de cor gostam de mulheres loiras. Essa ainda por cima era oxigenada e clareava mechas do filho para encontrar o tom.

Eu lhe disse: "E seus colegas, que dizem?".
– Meus colegas, eles sabem como são as mães!

Sua irmãzinha tinha dois anos e meio. A mãe tinha vindo me ver porque tinham pedido ao setor de neuropsiquiatria do hospital que cuidasse desse caso. Ela vinha todos os dias implorar à supervisora que lhe devolvesse a criança, o que o juiz proibia, porque era a terceira vez que a pequena dava entrada no hospital com fraturas nos membros. A mãe vinha chorar no meu colo, despertando a piedade de todo mundo: "Eu gosto tanto dessa menina, vejam o que fiz para ela". E ela mostrava inúmeros vestidos. Ela vestia todas as bonecas de sua filha e fazia para esta roupas do mesmo modelo. Houve, então, um confronto com a mãe. A menina, extasiada: se ela tivesse presenciando a aparição da Virgem Maria não estaria mais extasiada. Perguntei à mãe: "Como vai ser se ela voltar para casa?".

Ela não me ouvia. Ela falava com sua filhinha, em vez de me responder, e lhe dizia: "Sabe, fiz um vestidinho para você. Você vai ver como é uma gracinha, com lacinhos aqui, lacinhos ali". (E a criança lá, enlevada.) "Sabe, eu vesti sua boneca com uma roupinha igual. Quando você voltar, vou lhe dar seu vestidinho e a boneca vai ficar igualzinha. A mamãe e a filhinha vão ficar iguais."

Por aí vocês veem a mentalidade infantil dessa mulher adulta, uma criatura soberba do ponto de vista veterinário, muito boa costureira e parece que boa cozinheira também, mas completamente incapaz de educar uma criança. Então fiz que ela continuasse um pouco o seu mimodrama: "Conte. Se ela voltar para casa, como vai ser? Suponhamos que são quatro horas da tarde".

– Você vai comer seu lanchinho, seu iogurtezinho, seu... etc. Depois, vai ser o jantar. E depois o papai vai chegar.

– Mas quem é papai?

– Ah, não é seu pai porque, sabe, com os magrebinos é diferente. Mas eles são muito gentis.

– Bom.

– Todos se conhecem.

– Está ouvindo – digo à menina –, a mamãe diz que aquele que dizem ser seu pai não é o mesmo cujo nome está na ficha. Então (voltando-me para a mãe) quem é? Como é o nome dele? – A mamãe dá o nome verdadeiro. A menina repete o nome, muito interessada pelo nome verdadeiro de seu genitor. – E seu filho?

– Ah, esse é de outro, mas eles se conhecem. Eram da mesma aldeia.

Depois, ela continua: "Então, vai estar na hora de dormir, e a senhorita vai começar com seus caprichos. Então vai ser preciso que eu venha, a mãe é quem deve ter razão, não é mesmo, doutora? É preciso ter autoridade, então é preciso dar umas palmadas". E então começa a fingir que está dando palmadas na criança em seu colo, cada vez mais forte... depois começa a dizer: "É preciso tirá-la daqui, tirem-na daqui, vou matá-la!".

– Está vendo, você ainda não está preparada para levar a criança de volta. É preciso que ela possa, como o menino, pular a janela. – E foi isso que eu expliquei à menininha, que era tão inteligente quanto o irmão, e ela não foi devolvida à mãe. Como nos dizia o filho: "Ainda bem que moramos no térreo!". Ele fugia para o seu AMO. Ele gostava muito da mãe, e a menininha também era fascinada por ela. A partir do momento em que a criança já sabe se defender, não há problema. Não é que essas mães sejam condenáveis. Elas são incapazes de criar os próprios filhos. De resto, geralmente, elas mesmas são mulheres da Assistência Pública, que têm necessidade de muito carinho, muito imaginário de vida materna, que não têm o menor controle de si mesmas. É triste constatar que, muitas vezes, impõem-lhes uma longa separação de seus filhos, ou mesmo a perda do direito sobre eles, ao passo que se se esperasse mais alguns anos... Podem-se ajudar essas crianças a enfrentar essa realidade, sem por isso depreciar os pais que eles escolheram para nascer e sobreviver...

Mas de qualquer forma é espantoso ver a que ponto as crianças que têm pais violentos ao extremo são apaixonadas eroticamente por eles. São pais que lhes suscitam sensações fortes e, por causa disso, são muito apegadas a eles.

É um problema muito difícil. Mas as pessoas próximas podem ajudar muito, os vizinhos, as vizinhas etc., dizendo, por exemplo: "Escute, isso não pode continuar. A ajuda mútua, na educação, faz falta. Deixe sua filha ficar conosco por esta noite, assim você descansa, ou por uma semana. Em minha casa ela vai ficar mais calma; e você vai ficar mais sossegada e as coisas vão melhorar. Talvez possamos ajudar vocês duas...".

Não é nem bom, nem mau, é triste. É necessário ajudar esses pais imaturos, mas ainda assim capazes de pôr filhos no mundo, filhos que são capazes de sobreviver. Porque se são afastadas dos pais, isso faz que as crianças fiquem marcadas pelo opróbrio, quando na verdade não há razão para opróbrio. Na maioria das vezes é algo inconsciente, é imaturo, mas não é perverso. Se for o caso de pais sexualmente perversos, também isso deve ser dito, e não omitido. Quanto aos pais alcoólatras, sua intoxicação é secundária a um estado depressivo. Eles têm necessidade de ajuda, mas não de desprezo, e as crianças podem ser socorridas a tempo.

PERGUNTA: *Tendo me divorciado, criei minhas filhas sozinha, pois o pai não manifestou nenhum interesse especial por elas. Elas têm dezessete e vinte e seis anos. Posso lhes dizer o que penso realmente sem destruir a imagem do pai?*

F.D.: Acabou. O que você pensa realmente, não sei o que é. Você pode procurar alguém com quem falar sobre isso. Com efeito, a relação de vocês não durou muito, mas isso não quer dizer que seu marido seja condenável. Ele não soube se responsabilizar pelas filhas, mas isso não quer dizer que, se elas o procurarem, as coisas não se passem bem entre eles. Não sei nada sobre isso. Aqui não é lugar para falar de um caso desses. Você poderia procurar um psicanalista.

PERGUNTA: *Muitos pais abandonam os filhos adolescentes, pensando que eles podem se virar na vida, mesmo não tendo nenhuma independência material. Tenho uma atitude totalmente inversa, mas me pergunto se não sou muito possessiva, querendo que meus filhos ainda dependam de mim. Que pensa disso?*

F.D.: Uma adolescência é uma coisa que se prepara, por meio de uma autonomia que vai crescendo dia a dia. Não é da noite para o dia que se pode dizer a um adolescente: "Agora, se vire". É um momento em que a criança tem grande necessidade de saber como o pai do mesmo sexo se saiu ao enfrentar o surgimento de sua sexualidade mais intensa. As emoções violentas que o pai e a mãe devem ter sentido – como será que eles as enfrentaram? E quanto a ele próprio (ou ela), como reagir aos outros, aos do sexo oposto? Como fazer em relação ao dinheiro? Arranjar pequenos empregos? Como ganhar dinheiro para se tornar independente? etc. Portanto, não é o momento de abandonar assim, de repente, um filho ou uma filha depois de tê-lo tratado até os catorze anos como uma criança de seis ou sete anos, isto é, sob a dependência dos pais.

O trabalho importante a partir de seis, sete anos, é dar meios à criança para que possa fazer amigos de sua idade e se fazer estimar pelos outros adultos na sociedade. Por exemplo, desde os oito, nove anos, uma menina pode aprender a fazer tudo numa casa. Com doze, treze anos, não é bom que ela o faça somente em sua própria família, e é maravilhoso que vá ajudar outra mãe que precisa dessa ajuda, se faz isso com alegria; ela se fará estimar, e fará que sua mãe também seja estimada, por causa dela. E o mesmo se dá com o filho: se um pai soube instrumentar seu filho – se ele sabe lavar ladrilhos, fazer pequenos trabalhos, dar brilho no assoalho, fazer compras etc. –, ele ajudará outra pessoa que não sua mãe, a qual receberá cumprimentos em relação a seu filho, e ele aprenderá assim a se fazer estimar em sociedade.

E é depois, com catorze, quinze anos que, entrando na puberdade, isto é, interessado pela sexualidade, comovido pela passagem de outros seres no raio de sua atenção sensorial, ele desejará se tornar responsável e deixar seus pais para, como dizem eles, "sair".

A palavra-chave dos adolescentes é "sair", sair desse ninho que os pais fizeram para eles, mas sair armados para a vida e sabendo dos perigos que existem em sair antes de saber se assumir[47].

Portanto, a adolescência é um momento de confirmação que se pode assumir, mas é preciso que isso tenha sido preparado. Isso exclui os dois extremos, que é colocá-los na rua dizendo "agora, vire-se", ou continuar a cuidar da criança sem um orçamento pessoal, dando-lhe dinheiro todos os dias e escolhendo-lhe as roupas, lavando sua roupa suja, engraxando seus sapatos, porque isso é que é fazer deles "Chéri" de Colette[48], mas não rapazes; e em relação às meninas, é fazer delas mulheres que terão necessidade de se casar para serem prostitutas legais, porque não sabem ganhar a própria vida, nem amar.

O que é importante é a educação entre seis e treze anos, é preparar a criança para ter meios de se fazer estimar por outros que não os da sua família, e saber que no momento da puberdade, salvo exceção (mãe doente etc.), é perigoso para as crianças se sentirem indispensáveis para sua mãe. É necessário que ela lhe diga: "Escute, a mãe aqui sou eu; eu sou a mulher da casa; você me ajudou, você sabe fazer isso, mas não estou precisando mais de você, vá se fazer estimar junto a outras pessoas". Trata-se de mandá-la mostrar seus talentos alhures.

Ela gostaria que sua mãe ficasse dependendo dela: "Mas deixe que eu faço, mamãe".

– Não, procure as crianças de sua idade, procure outras famílias.

Com treze anos, é preciso que se lhes fale assim. Com treze anos, se a criança de um e de outro sexo está aparelhada para enfrentar a sociedade, é um momento um pouco difícil para as mães ou os pais, porque a casa se torna então uma pensão. É preciso ter consciência disso. É uma fase que passa. "A casa parece uma pensão: eles vêm para comer, e depois só pensam em sair", queixam-se os pais. Mas alegrem-se, eles fazem amigos, e os trazem para casa com a maior facilidade. E isso é muito importante. "Não tem mais nada para comer? Que seus amigos tragam pão e salsicha, e vocês se viram."

Assim, a criança se torna sociável sabendo que em sua casa seus amigos são bem-vindos, que ela é bem-vinda na casa dos outros, e que seus pais não se incomodam com isso: "Ah, você prefere essas pessoas que têm uma vida diferente da nossa?...", dizem eles, acrescentando depois: "Sabe, sou uma boba, estou com ciúme". É muito bom e ajuda muito quando a mãe pode falar assim: "Está vendo, tenho ciúme dos amigos que você tem por aí; não se incomode com isso".

A adolescência é isso. A vida é difícil, mas não é o caso de prendê-los em casa ou pô-los no olho da rua: nem uma coisa, nem outra.

Talvez eu não tenha respondido a todas as perguntas. Fiz o melhor que pude.

Notas

1. O nome completo dessa conferência organizada pelo Théâtre-Action, Centro de criação, de pesquisa e de culturas de Grenoble, era: "O Dizer e o Fazer. Tudo é linguagem. A importância das palavras ditas às crianças e diante delas". A transcrição dessa jornada foi em seguida publicada e divulgada por seus organizadores, e foi a partir desse texto que se organizou e editou o livro *Tudo é linguagem* em 1987, introduzindo-se, aliás, algumas correções que resultam em diferenças consideráveis da versão original. Mas supondo, a partir do que ficou dito no prólogo, que essas modificações poderiam ter sido feitas pela própria Françoise Dolto, decidimos não mexer nelas, inclusive no caso das passagens em que o texto da versão inicial poderia parecer mais explícito e mais direto.

2. IMP: Instituto Médico-Pedagógico.

3. Françoise Dolto tem toda razão em se dizer precursora da consideração da vida fetal. Foi nessa linha, com efeito, que, com base em sua experiência, acreditou poder alargar o campo de investigação da psicanálise, chegando a considerar a importância daquilo que estava relacionado à arcaicidade intrauterina (veja, a título de exemplo, *L'image inconsciente du corps*, Le Seuil, 1984, p. 209-10).

Àquela época, como ela mesmo diz, Françoise Dolto desenvolvia essas ideias correndo o risco de provocar o riso e a ironia daqueles que achavam isso fantástico e burlesco, inclusive nos meios analíticos. Isso não a impediu de ir registrando cuidadosamente tudo o que poderia confirmar sua hipótese sobre a importância subjetiva da gestação, principalmente as percepções do feto, a importância da modulação das vozes ouvidas (da mãe, do pai) etc. (Veja, por exemplo, "Nascimento", in *La dif-*

ficulté de vivre, LGF, 1988, p. 19-105 e *La cause des enfants*, Laffont, 1985, parte I, cap. 5, e parte II, cap. 5.)

Além do mais, é patente que a relação entre a mãe e a criança que ela traz no ventre recebe, em Françoise Dolto, um valor emblemático muito especial, não tanto no sentido de que aí se produziria não se sabe que idílio fusional, mas porque já é a centelha que dá origem a toda comunicação inter-humana, inclusive nos seus efeitos inconscientes. Nesse sentido, e paradoxalmente, a relação com o feto é como um modelo de toda relação inter-humana autêntica, de toda intersubjetividade, inclusive na instância em que ela pode ser falante (cf. *La difficulté de vivre*, *op. cit.*, p. 63).

É, pois, instigante ver como atualmente se reconhece, até nos meios médicos – que outrora debochavam disso –, a importância da vivência pré-natal, a ponto de se ter desenvolvido uma medicina específica do feto. Quanto às intuições de Françoise Dolto a partir da psicanálise, elas tiveram uma outra comprovação, um outro prolongamento, no desenvolvimento da haptonomia (pré e perinatal).

4. *Stalag* é o termo que designava, na Segunda Guerra Mundial, os campos alemães onde se confinavam os prisioneiros de guerra que não eram oficiais, sendo que o *Oflag* (de *Offizierlager*) era reservado aos oficiais.

5. Corrente de música "pop" surgida nos anos 1970. Françoise Dolto a menciona aqui referindo-se, evidentemente, ao caráter exagerado e provocador (cabelos tingidos, roupas rasgadas etc.) associado ao movimento.

6. O que Françoise Dolto quer significar com o termo escola digestiva é um modo de ensinar que, num processo de lógica binária (verdadeiro/não verdadeiro), recorre apenas às pulsões orais ou anais, e pode, em vista disso, levar a uma verdadeira alienação para algumas crianças. Cf. o desenvolvimento dessa crítica em *La difficulté de vivre*, *op. cit.*, p. 395-414. Cf. também *Séminaire de psychanalyse d'enfants*, t. 1, Le Seuil, 1982, p. 88-9.

7. Além dessa proximidade de seu domicílio, Françoise Dolto evoca em outra passagem como foi levada a colaborar diretamente com o Instituto de surdos e mudos da rua Saint-Jacques. A respeito de seu trabalho sobre essa deficiência sensorial, cf. principalmente *Solitude*, Gallimard, 1994, p. 342 s. [Trad. bras. *Solidão*, Martins Fontes, São Paulo, 2000].

8. Sob essa aparência anedótica ou circunstancial, esse relato evoca, porém, uma ideia central de Françoise Dolto no que se refere ao ingresso na psicose, ou no autismo: que um encontro simbólico, significante, pode não ter se realizado. Cf. também *Séminaire de psychanalyse d'enfants*, t.

1, *op. cit.*, caps. 11 e 12. E sobre o termo – e o tema – do encontro assim entendido, podemos nos reportar especialmente ao texto "O encontro, a comunhão inter-humana e a transferência na psicanálise dos psicóticos", in *Le cas Dominique*, Le Seuil, 1971, p. 193-223.

9. Françoise Dolto retoma o caso um pouco mais adiante (p. 28-9) depois de ter reafirmado o ensinamento teórico importante – sobre o papel imaginário e simbólico do terceiro – em várias passagens (p. 20, 21 e 25). O caso dessa criança é estudado também no *Séminaire de psychanalyse d'enfants*, t. 1, *op. cit.*, p. 152-3.

10. Cf. Antigo Testamento, Livro de Daniel, VI, 14.

11. A criança mencionada aqui é o filho mais velho de Françoise Dolto, Jean. Em *Les chemins de l'éducation*, Gallimard, 1994, p. 328-30, a partir dessa mesma lembrança familiar, pode-se ler uma reflexão de Françoise Dolto sobre a educação, principalmente sobre os riscos para o desenvolvimento de uma criança, no caso de ela estar alienada na imagem de um outro que lhe dão como exemplo o tempo todo.

12. Isso deve ser entendido como uma alusão à imagem inconsciente do corpo, enquanto distinta da imagem especular visível, refletida pelo espelho. Sobre essa questão, cf. *L'image inconsciente du corps*, *op. cit.*, p. 147-63, e *L'enfant du miroir*, Françoise Dolto, Juan David Nasio Rivages, 1987, Payot, 1992.

13. No texto do mito (Ovídio, *Metamorfoses*, III, 339-510) é, ao contrário, Narciso que despreza o amor de Eco, e ao qual a palavra do oráculo imporá o destino que o celebrizou. Não se deve considerar como mero erro a hipótese proposta aqui por Françoise Dolto em relação a Narciso. É antes o testemunho de sua forma intuitiva, personalíssima, de propor uma interpretação, como uma sabedoria direta e condensada a partir de fatos tomados nos campos mais diversos, para além até de sua estrita prática de psicanalista. Sobre esse mesmo mito, cf. *La cause des adolescents*, Laffont, 1988, p. 31-2.

14. Nem é preciso insistir sobre a importância considerável do desenho (e da modelagem) na técnica desenvolvida por Françoise Dolto em seu trabalho psicanalítico com crianças. Uma apresentação formal dessas ideias encontra-se em *Au jeu du désir*, Le Seuil, 1981, cap. 4, p. 69 s. Françoise Dolto conta, em outra obra, como a utilização do desenho lhe foi inspirada pela senhora Morgenstein (cf. *Quelques pas sur le chemin de Françoise Dolto*, Le Seuil, 1988, p. 11 s). Quanto à possibilidade de perguntar à criança, como aqui, sobre "onde ela estaria no desenho", ela se baseia sobre o que é colocado como tendência ao antropomorfismo (cf. *L'image inconsciente du corps*, *op. cit.*, p. 7, 15, 28). Lembremo-nos igualmente que, durante anos, Françoise Dolto dirigiu

um seminário sobre o desenho das crianças, cujos ensinamentos ainda estão inéditos.

15. Françoise Dolto retomou inteiramente, como se vê aqui, o conceito freudiano de pulsões de morte, em oposição às pulsões de vida. Entretanto ela fez uma reelaboração toda sua. Pode-se encontrar uma indicação desses conceitos em *L'image inconsciente du corps*, op. cit., p. 52, nota 1, e mais ainda, no *Séminaire de psychanalyse d'enfants*, t. 1, *op. cit.*, cap. 13, p. 162, 167 s. Na escola freudiana, Françoise Dolto, aliás, dedicara um ano inteiro (1970-71) de seu seminário a essa questão das pulsões de morte, trabalho ainda inédito.

16. Sabe-se que a tradução do *Ichideal* freudiano permite trabalhar com a distinção (aprofundando-a) entre o Eu Ideal e o Ideal do Eu, distinção defendida na França principalmente por Lagache (cf. J. Laplanche e J. B. Pontalis, *Vocabulaire de la psychanalyse*, PUF, p. 225 s) [Trad. bras. *Vocabulário de Psicanálise*, Martins Fontes, São Paulo, 2016]. É nessa linha que Françoise Dolto retomou essa noção de Eu Ideal. Uma nota do livro *L'image inconsciente du corps*, op. cit., p. 29, explicita melhor sua concepção. A esse respeito, pode-se consultar também *Au jeu du désir*, op. cit., cap. 4, p. 87-94. Cf. também em *Le cas Dominique*, op. cit., Apêndice, p. 229 s.

17. Os medalhões que ornam o Hospital dos Inocentes em Florença datam de 1463. Eles são obra não de Luca, como o registrava a transcrição da conferência, mas de seu sobrinho Andrea della Robbia (1435-1525).

18. Françoise Dolto volta a abordar, em outras obras, a maneira como as crianças eram consideradas e educadas outrora, por exemplo em *La cause des enfants*, op. cit., cap. 1, "O corpo disfarçado". Cf. também sua conversa no programa France Culture com Philippe Ariès em *La difficulté de vivre*, op. cit., p. 547-72.

19. Sobre esse mesmo tema do potencial imaginativo e do desejo criador que impulsiona o ser humano a transgredir o possível, de forma que o impossível se realize, cf. *Les chemins de l'éducation*, op. cit., p. 353-4, e em *Solitude*, op. cit., o capítulo "Ciências e técnicas do homem: elogio do imaginário", p. 255-64.

20. Pierre de Coubertin (1863-1937) é conhecido principalmente como criador dos Jogos Olímpicos modernos, realizados pela primeira vez em 1896. Outra atividade em que se destacou foi como reformador da educação.

21. Cf. também p. 68 s. A *Maison Verte*, lugar de acolhida e de socialização, foi fundada por iniciativa de Françoise Dolto em 1979, no XV distrito de Paris. Ler principalmente *La cause des enfants*, op. cit., parte IV, cap. 4, "Vamos à *Maison Verte*".

22. Conceito específico desenvolvido por Françoise Dolto e que corresponde à necessidade, para o sujeito criança, de se saber, no momento certo, pertencente a apenas um sexo, e portanto destituído dos atributos e das prerrogativas do outro. A elaboração desse conceito remonta, em Françoise Dolto, a sua tese (1939), *Psychanalyse et pédiatrie*, Le Seuil, 1971. Ele também é abordado em apêndice em *Le cas Dominique*, *op. cit.*, p. 232-6. E Françoise Dolto volta a ele mais uma vez, com outros detalhes, em *L'image inconsciente du corps*, *op. cit.*, p. 159, 161 e 164-85.

23. "Circuito longo" deve ser entendido aqui na oposição circuito curto/circuito longo (subentendido: do desejo, da libido, da pulsão), a passagem de um a outro – do circuito curto ao circuito longo – correspondendo à realização simbólica, principalmente de uma castração. Assim, "a função simbólica, exclusiva do ser humano, permite substituir o prazer de um circuito curto do desejo, sensual, imediato, por um circuito mais longo, que mediatiza as pulsões e lhes permite retardar a obtenção do primeiro objetivo, em função de um novo prazer a ser descoberto". *Au jeu du désir*, *op. cit.*, p. 286.

24. Trata-se do segundo Congresso Mundial de Psiquiatria do Bebê, que teve lugar em Cannes de 29 de março a 1º de abril de 1983, com o tema "O bebê num mundo em transformação".

25. Em clínica psicanalítica, a insônia pode ser um sintoma revelador de uma luta entre o narcisismo primário e as pulsões de morte. Cf. *Séminaire de psychanalyse d'enfants*, t. 1, *op. cit.*, p. 173.

Sobre o mesmo tema mais geral de perturbações do sono, cf. *Les étapes majeures de l'enfance*, Gallimard, 1994, p. 97-113.

26. Alude-se, aqui, ao caso de Corinne, jovem surda e cega de nascença, hospitalizada em psiquiatria, cujo tratamento psicanalítico foi conduzido por Françoise Dolto no hospital Trousseau, uma vez que a transferência se deu justamente em torno da olfação. Cf. *Séminaire de psychanalyse d'enfants*, t. 2, *op. cit.*, p. 72-80, e *Solitude*, *op. cit.*, p. 348-50, 356-7.

27. Essa temática da "circuncisão do coração" acentuou-se bastante na perspectiva do Novo Testamento. Ela é especialmente conforme à inspiração dos escritos de São Paulo (cf. Rm II, 29). Mas enquanto tal, ela já está presente de forma explícita no Antigo Testamento (por exemplo, Jeremias, IV, 4).

A propósito do "coração", Françoise Dolto já havia retomado seu alcance metafórico em "O coração, expressão simbólica da vida afetiva" in *La difficulté de vivre*, *op. cit.*, p. 225-31.

28. Françoise Dolto nunca deixou de adotar uma posição crítica em relação ao objeto transicional, pelo menos nos casos em que, desconhecendo-se a intuição original de Winnicott, se chegou a preconizar o uso do dito objeto. Sendo que, na verdade, ele corresponde antes à falha de uma transição que não se efetuou, ou o fez de forma incompleta. A afirmação de que a palavra é o único transicional verdadeiro revela aqui, de forma clara, o que motiva essa posição. É pela palavra e pela fala que a criança, já por sua tagarelice, poderá realmente se libertar e ser libertada de seus vínculos "substanciais". Cf., por exemplo, *L'image inconsciente du corps, op. cit.*, p. 64 s.

29. A princípio, foram as crianças abandonadas, revoltadas e que se recusavam a tudo que deram a Françoise Dolto a ideia de instituir o pagamento simbólico, prova da necessidade que têm de que sua recusa seja escutada. Françoise Dolto concebeu essa invenção técnica e depois a generalizou. O contrato do pagamento simbólico se estabelece entre o psicanalista e a criança quando, nas entrevistas preliminares, a criança manifesta sua concordância em ser ajudada. Uma pedra, um selo falso ou uma moeda de dez centavos, o pagamento simbólico não é nem um presente nem um objeto parcial, não é para ser interpretado. De sessão em sessão, ele atesta o desejo de a criança de assumir pessoalmente seu tratamento. Cf. *Séminaire de psychanalyse d'enfants*, t. 2, *op. cit.*, p. 107-24, e *La difficulté de vivre, op. cit.*, p. 345-6.

30. "Une infinie tendresse" foi rodado em 1969 por Pierre Jalland (Films 13/Ariane Films).

31. Ginette Raimbault, *L'enfant et la mort. Des enfants malades parlent de la mort: problèmes de la clinique du deuil*, Privat, 1989. O autor, psicanalista num serviço parisiense de pediatria, expõe seu trabalho clínico e conversas livres com crianças hospitalizadas afetadas, em sua maioria, por doenças metabólicas, e com plena consciência de que sua morte está próxima.

32. "Uma criança pode morrer por não lhe ter sido dado seu orgulho de estar no mundo. Não há nenhum demérito em ter pais que não puderam ir além de assumir a criança até o nascimento, abandonando-a depois." *Séminaire de psychanalyse d'enfants*, t. 1, *op. cit.*, p. 18.

Essa afirmação de Françoise Dolto ilustra bem sua profunda convicção e sua exigência ética que a levaram a aceitar conduzir o tratamento de crianças abandonadas precocemente. Cf. *Solitude, op. cit.*, p. 177-9. Foi a partir de 1973 que ela passou a tratar das crianças de um berçário da região parisiense. Ela as recebia, acompanhadas por sua maternante (auxiliar de puericultura), em seu consultório no hospital Trousseau e também no Centro Étienne Marcel. Cf. também nota 43.

33. A elaboração proposta aqui por Françoise Dolto contribui para o aprofundamento da questão do sonho da morte de pessoas queridas, estudada por Sigmund Freud na categoria mais geral dos sonhos típicos. Cf. Sigmund Freud, *L'interprétation des rêves*, PUF, 1971, p. 210-40 e 339 s.

34. Encontra-se uma exposição pormenorizada dessa pesquisa em *La cause des enfants*, *op. cit.*, p. 275-81.

35. No programa da France Inter, "Quando a criança surge" (1976-78), Françoise Dolto respondia às cartas dos ouvintes anônimos que a consultavam sobre os temas mais variados relacionados à infância. Uma parte do conteúdo desses programas foi publicada, sob o mesmo título, em três volumes, pela editora Le Seuil, 1977, 1978, 1979.

36. Em 1979, Françoise Dolto dedicou todo um artigo sobre o vocabulário do parentesco – "pai de nascimento", "mãe de nascimento" – que pertence à ordem vital e assegura a coesão narcísica da criança. Ela faz a distinção entre essas palavras, inscritas na realidade legal ou genética, e as palavras "mamãe", "papai" que remetem antes a modalidades relacionais. Esse artigo foi retomado em *Les chemins de l'education*, *op. cit.*, p. 35-44. Cf. também *Les étapes majeures de l'enfance*, *op. cit.*, p. 49-50.

37. Cf. também p. 108 s. Sobre a questão da separação dos pais, pode-se consultar *Quand les parents se separent*, Le Seuil, 1988, que é uma longa entrevista de Françoise Dolto feita por Ines Angelino sobre a crise da célula familiar antes, durante e depois do divórcio e sobre os sofrimentos e as coisas silenciadas em nome do "bem" da criança. As posições de Françoise Dolto relativas a essa verdadeira neurose familiar baseiam-se sempre em sua experiência clínica.

Há também uma reflexão sobre esse mesmo assunto em *Les chemins de l'éducation*, *op. cit.*, p. 213-28, "Os pais separados", e p. 229-36, "Que dizer às crianças quando os pais se divorciam?".

38. Françoise Dolto sempre atribuiu grande importância a essa virtude do silêncio do paciente, talvez em especial no tratamento dos adolescentes. Cf., por exemplo, a maneira como ela expôs essa matéria por ocasião de um colóquio sobre a ética da psicanálise (1982), relatórios publicados por Evel, p. 140-9.

39. Esse conceito de esquema corporal adquire todo o seu significado na teorização de Françoise Dolto pela oposição constituinte com a imagem do corpo (como inconsciente), oposição que serve para caracterizar a imagem em contradição com o esquema. Assim, o esquema corporal não é a imagem do corpo. Cf. *L'image inconsciente du corps*, *op. cit.*, p. 17-34.

40. Em junho de 1980, Monique Pelletier, ministra delegada encarregada da família e da condição feminina, reuniu um grupo de reflexão composto de personalidades qualificadas, cujas intervenções eram de caráter pessoal, e que tinham como tarefa chegar a um consenso sobre a guarda das crianças e sensibilizar as pessoas envolvidas (pais, advogados, especialistas, magistrados) para as consequências de suas decisões em todos os estágios do processo e depois do divórcio. Françoise Dolto era a única psicanalista entre psicólogos, psiquiatras, magistrados e altos funcionários, nessa comissão que em março e abril de 1981 fez um relatório sobre a guarda alternada.

41. Isto é uma ilustração concreta da maneira como se dá, segundo Françoise Dolto, o próprio estabelecimento da linguagem no sujeito, pelo cruzamento entre a palavra ouvida, percebida, e as emoções ligadas a ela, o que vale também como um encontro significante, fundador de significado para o sujeito. É um dos elementos de base do que constitui em Françoise Dolto uma teoria da linguagem e a forma como ela se estabelece. Cf., por exemplo, *L'image inconsciente du corps*, *op. cit.*, p. 44.

42. Françoise Dolto desenvolve mais amplamente essa reflexão sobre a relação entre a criança adotada, seus pais genitores e seus pais legais, em *Les chemins de l'éducation*, *op. cit.*, p. 237-52. Sobre esse mesmo tema da adoção, vale lembrar os casos clínicos expostos em *Séminaire de psychanalyse d'enfants*, t. 2, *op. cit.*, p. 97-8, e em *Dialogues québécois*, Le Seuil, 1987, p. 167-8.

43. A questão colocada por Françoise Dolto refere-se ao caso de adoção plena, que é possível se a criança é órfã, de pais desconhecidos, ou abandonada, e que é promovida seja pelos serviços de Assistência social à infância, seja por uma instituição habilitada. A lei de 11 de julho de 1966 indica claramente que a adoção plena tem como efeito romper definitivamente todo e qualquer laço da criança com sua família de origem. Como essa legislação estava longe de suscitar uma aprovação sem reservas, o Ministério dos Assuntos Sociais e da Solidariedade Nacional pediu à DDASS que "parasse de recusar sistematicamente as solicitações dos antigos pupilos do Estado" (R.M. número 6804, *Journal officiel*, p. 1004, debate da Assembleia Nacional de 8/3/1982). É certo que a dificuldade, em muitos casos, na busca da família originária e a lentidão administrativa não estimulam de modo algum a Assistência Pública a favorecer essas petições. Françoise Dolto certamente fazia alusão a uma instituição de adoção cuja flexibilidade permitia diligências mais contínuas e talvez mais eficazes na realidade.

44. Depois de ter deixado o Centro Étienne-Marcel, Françoise Dolto continuou a receber as crianças de berçário, no âmbito do "atendimen-

to de bebês" que ela criou dois anos antes de sua morte, e que foi sua última atividade, de janeiro de 1986 a julho de 1988. As crianças vinham uma vez a cada quinze dias. Alguns analistas assistiam às consultas, ativos, e eram muito solicitados, seja por Françoise Dolto, seja pela criança.

45. É uma ideia forte, fundamental, no pensamento de Françoise Dolto. Podemos encontrá-la, formulada de modo semelhante na conclusão de seu livro teórico sobre a imagem do corpo: "[...] é de segundo em segundo que o narcisismo de um sujeito reafirma o contrato do sujeito desejante com seu corpo. Para um ser humano, viver é isso". *L'image inconsciente du corps, op. cit.*, p. 370.

46. Na verdade, a sigla completa é AEMO: Ação Educativa em Meio Aberto. Esta medida foi tomada no contexto da proteção judicial dos menores pelo decreto de fevereiro de 1945. É uma medida de observação, preventiva e temporária, que em função de denúncia, e sob mandado do auxílio social à infância ou do juiz de menores (cf. também a lei de 4 de junho de 1970 sobre a autoridade parental, Seção II), assegura um acompanhamento do cotidiano familiar das crianças em dificuldade social e/ou relacional, ou ainda em perigo físico ou moral.

47. Françoise Dolto aborda em outro lugar esse conceito-chave dos adolescentes, que ela considera, entre outros, como um desejo que têm de fugir à solidão que sentem dentro de casa, numa idade em que a resolução do complexo de Édipo é definitiva. Cf. *Solitude, op. cit.*, p. 198 e 201, e também *Dialogues québécois, op. cit.*, p. 209-10 e 212-4.

48. S. G. Colette, *Chéri*, Fayard, 1984.

Índice temático

ABANDONADAS (crianças): 94, 133
ADOÇÃO: 94, 106-7, 125-34
ADOLESCÊNCIA (e puberdade): 140-3
ARQUEOLOGIA: 53
AUSÊNCIA: 132
— *na escola:* 134-5
fuga na – : 52
AUTOMATERNAR-SE: 32

CASTRAÇÃO: 48
— *primária:* 47
CEGOS: 73-5
CIRCUNCISÃO: 75-8
COMPULSÕES: 13, 15
COMUNICAÇÃO: 50, 73, 85, 89, 113, 115, 123
— *com os pais:* 75
— *interpsíquica:* 10
— *verdadeira:* 30
não comunicação: 52
CONHECIMENTO (e saber): 9
CONTINÊNCIA: 3, 36-40
— *na menina e no menino:* 33-4
adestramento para a limpeza: 128
xixi-cocô: 3-4, 6-7, 9, 15, 39

CORPO: 115
— *aparente:* 47
contrato com o próprio –: 136
realidade do – : 20
satisfação do – : 32
corpo a corpo: 27, 31, 62, 111
esquema corporal: 115
CRIANÇA:
— *articulada a seus pais:* 72
— *de substituição:* 21
— *fusional:* 111
— *inadaptada:* 42
a – *e a morte:* 86-8, 96-8
ciúme da – : 94-5
desejo da –: 32
personalidade da –: 69-70, 72
CRIATIVIDADE (e criação cultural): 50
CULPABILIDADE: 35-8, 96, 109
— *e responsabilidade:* 83

DELINQUÊNCIA: 9, 133
— *em relação a si mesmo:* 3
DESEJO: XVI, 32, 42-4, 51, 110, 120, 136
— *confundido com a necessidade:* 34

―*contraditório:* 114
―*de penetração:* 34
―*do adulto na criança:* 49
―*fora da lei:* 61
―*não dito:* 91
―*oral:* 78
―*sublimado:* 61
expressão do ―: 31
justificar o ―: 57-8, 63
satisfação do ―: 27, 31, 44, 55, 57
DESENHO: 23-5, 27, 82-3
DESENVOLVIMENTO: 15, 20, 26, 33, 61
―*afetivo:* 8
DESMAME: 71
DÍADE: 26
DIVÓRCIO: 98-101, 104, 107-8
guarda das crianças: 115-8

ÉDIPO: 25
EDUCAÇÃO: 2, 27, 66, 114, 142
―*dinâmica:* 95
―*sexual:* 35
papel da ―: 55-6
assistentes sociais: 98, 124
desejos do educador: 61-2
ESCLEROSE MÚLTIPLA: 87
ESCOLA: 72
inadaptação escolar: 9
professores: 11
ESTÉTICA: 53-4
ESTRUTURA (estruturante): 6, 15
EU: 5, 111-2, 115
"― [eu]": 111-2
―*ideal:* 29, 44
"― *minha mamãe*": 111
"― *o outro*": 112
superego: 33
"[EU]": 111-2

FALA (cf. também Linguagem): 12

linguagem antes da ―: 26
peso da ―: 17-20
FETO (e fetal): 4, 10, 30, 65
vida fetal: 46, 52
FOBIA: 14
FRUIÇÃO: 60-1

GENITAL (GENITALIDADE): 5, 7-10, 35, 37, 61-2, 120
GRAVIDADE: 35

HOMEM (e masculino): 33, 35, 77-8

IDENTIFICAÇÃO: 15, 28, 80
―*ao adulto:* 47
identidade: 112
IMAGEM: 6, 47
―*no espelho:* 17-8
IMAGINÁRIO(A): 18, 23, 119
―*na criança:* 113
satisfação ―: 44
vida ―: 12
INCESTO: 80
interdito cultural do ―: 48
INCONSCIENTE: 8, 30, 96, 113-5
―*dos pais adotivos:* 129
gestual inconsciente: 75
pré-consciente, consciente: 115
INDO-ADVINDO: 15-6
INSÔNIA: 68
INTELIGÊNCIA: 4, 13
INTERDITO: 49
INVÁLIDOS: 73-5, 85-6, 92, 95
portadores de miopatia: 85

LIBIDO: 27
LINGUAGEM (cf. também Comunicação, Fala): XV-XVI, 12, 26, 41, 50, 113, 123-4
―*entre pais e filhos:* 4

– *e tempo:* 53
– *interpsíquica:* 114
– *mímica:* 17, 73
– *olfativa, rítmica, visual:* 73
fruto da –: 31
o agir enquanto –: 2
triangulação da –: 20
língua verbal: 76
palavras de estética: 84
LUTO (cf. também Morte): 97
– *durante a gravidez:* 20, 24-5
rituais de –: 59, 96

MÃE: 6
– *de nascimento:* 101-3, 126
– in utero: 124
– *legal:* 105
desejo da –: 31, 41, 45, 122
"desmamar" a –: 45
odor da –: 70
presença da –: 123
ritmo da –: 70
voz da –: 70
equivalente materno: 69
mamãe: 72, 101-4
MAISON VERTE: 46, 68-71, 90
creche: 68-71
MEDIAÇÃO: 53
MEDICINA: 5
METÁFORA: 12
MORTE (cf. também Luto): 86
– *da mãe:* 57, 69, 80
– *dos pais:* 122
MOTRICIDADE: 37
coordenação motora: 40
MULHER (e feminino): 34-5

NASCIMENTO: 30
linguagem no –: 66
palavras ouvidas no –: 18-20
silêncio sobre o –: 132

incubadora: 123-4
inseminação artificial: 105, 107
parto: 35
NECESSIDADE: 27, 32-3, 44, 57
– *de comunicação*: 12
– *de criança:* 46-7
– *de fazer:* 45
– *de tomar:* 45
ritmo da –: 32
satisfação da –: 50, 55, 57
NEUROSE: 45, 69

OBJETO
– *parcial:* 79
elemento transicional: 79
ODOR: 74
OUTRO: 20
o – da mãe: 25, 28, 30
o primeiro –: 19

PAGAMENTO SIMBÓLICO: 81
PAI: 6, 101-8
– *de nascimento:* 55, 103
– *legal:* 105
– *prisioneiro:* 2-3, 6-7, 82-3
– *que voltou a casar:* 119
– *responsável:* 100
desejo do –: 77
papel simbólico do – : 26
equivalente paterno: 69
papai: 55, 102
PAIS: 1
– *adotivos, genitores:* 125, 128
– *carrascos de crianças:* 136-40
– *de origem:* 130
– *legais:* 125
doença dos –: 122
domínio dos –: 63-5
ritmo dos –: 5
lugar de parentalidade: 67-70
vocabulário do parentesco: 48

PERCEPÇÕES: 12-3
PERVERSÃO (perverso): 32, 35, 41, 60, 84
PRAZER: 33
PSICANÁLISE (e Psicoterapia): 10, 13, 20-2, 28-30, 55, 113-4, 123, 129, 133-4
– *diferente da psicoterapia:* 27, 29-30
entrevistas preliminares: 58
psicoterapia: 3, 13
supervisão: 110
PSICOSE: 4, 12, 14-5, 21, 28, 69, 93
PSICOSSOMÁTICA: 3
PULSÕES
– *anais, orais:* 9
– *de desejo:* 27
– *de morte:* 26
– *de vida:* 27, 31
– *sexuais:* 33
sublimação das –: 9

REALIDADE: 102, 119
– *do corpo:* 20
REGRESSÃO: 8, 27, 62
REPETIÇÃO: 36
REPRESENTAÇÃO: 27, 50, 69
– *digestiva da gestação:* 35
– *incestuosa:* 120

RESISTÊNCIA: 92

SEGURANÇA: 12, 16, 133
– *existencial:* 133
SEXUAÇÃO (Sexo): 47
SIGNIFICANTE: 74
– *linguagem:* 10
SIMBÓLICO (A): 20, 79, 81, 114, 119, 133
– *na criança:* 113
alimento –: 79
função –: 12, 15, 21
genitor –: 19
laço –: 125
solidez –: 133
SÍNDROME DE DOWN: 88-95
SOFRIMENTO: 85
SUJEITO: 5, 59, 90, 136
– *do desejo:* 26
– *e tempo:* 53
SURDOS-MUDOS: 11, 73-5
língua dos sinais: 73, 75

TRANSFERÊNCIA: 19, 27, 81
TRAUMA: 2, 5, 29, 124
TRIANGULAR:
relação –: 19
terceiro: 19, 26

Índice dos nomes próprios

COLETTE, Sidonie Gabrielle: 142
COUBERTIN, Pierre de: 44

DANIEL (profeta): 14
DELLA ROBBIA, Andrea: 39
DEUS: 78
DURAS, Marguerite: 8

ECO: 18
EINSTEIN, Albert: 79

FREUD, Sigmund: 37

GALILEU, Galileu Galilei, dito: 44

JESUS: 78

KANT, Emmanuel: 111

NARCISO: 18

PELLETIER, Monique: 116
PIVOT, Bernard: 8
PLATÃO: 53

RAIMBAULT, Ginette: 86

SÓCRATES: 53

Índice dos casos e exemplos citados

ADOÇÃO:
 – *Análise de uma mulher que teve repetidos abortos: ela ignorava que fora adotada:* 129-30
CASTRAÇÃO:
 – *Na cama dos pais, querer ser a mulher do papai...:* 48-9
CRIATIVIDADE:
 – *Mulher que passou a tocar piano aos quarenta e oito anos:* 51
ENURESE:
 – *Crianças cujo pai era prisioneiro de guerra:* 2-7
IDENTIFICAÇÃO:
 – *Criança cujos gestos compulsivos significavam sua identificação com a máquina de costura da mãe:* 13-6 e 28-9
 – *Criança de três anos que olha um filme da família identificando-se com uma pessoa de valor:* 16-7
INADAPTADO:
 – *Criança que jogava seu pão com manteiga no vão da escada:* 42

INSTABILIDADE E ATRASO ESCOLAR:
 – *Criança de creche que estava em guerra com seus colegas:* 93-5
LUTO:
 – *Criança cuja avó morreu durante suas férias:* 58-9
 – *Jovem mulher regredida que rompeu com o pai porque ele voltou a se casar depois da morte da mãe:* 119-22
MORTE NA FRATRIA:
 – *Que dizer às crianças que "sobraram"?:* 95-8
NASCIMENTO:
 – *Quando a fala de uma parteira acompanha o destino de uma criança:* 18-20
NECESSIDADE *diferente de* DESEJO
 – *Pedir alguma coisa por necessidade de se comunicar:* 42-3
PAIS-CARRASCOS DOS FILHOS:
 – *Mãe que "quebrava" a filha:* 136-40

PAI DE NASCIMENTO:
— *Filho de mãe solteira, mantido na ignorância de quem é seu genitor:* 55-7

PSICOSE:
— *Criança que recolhia lixo e andava com uma sacola cheia de canhotos de cheques:* 21-5

SÍNDROME DE DOWN:
— *Menina que estava informada de sua anomalia genética desde que nasceu:* 88-93